Il Codice Esoterico di Bitcoin: Numeri Sacri e Leggi Occulte

Introduzione: Oltre la Blockchain - Bitcoin come Simbolo Universale — 5

Capitolo 1: La Numerologia di Bitcoin - Numeri che Parlano all'Infinito — 12

Capitolo 2: Il Ciclo di Giove - Bitcoin e l'Armonia dei Pianeti — 40

Capitolo 3: Simbolismo Occulto nella Blockchain — 66

Capitolo 4: Bitcoin come Simbolo di Libertà e Sovranità — 92

Capitolo 5: L'Alchimia della Moneta - Dall'Oro alla Criptovaluta — 124

Capitolo 6: Profeti della Blockchain - Satoshi Nakamoto e l'Archetipo del Creatore — 153

Capitolo 7: Criptovalute ed Esoterismo - Altri Simboli e Connessioni — 178

Conclusione: Il Codice Universale - Bitcoin tra Scienza e Spiritualità — 208

Bibliografia — 220

Introduzione: Oltre la Blockchain - Bitcoin come Simbolo Universale

Quando Satoshi Nakamoto pubblicò il whitepaper di Bitcoin nel 2008, pochi intuirono che dietro quelle pagine di codice e protocolli si celava qualcosa di più profondo di una semplice innovazione tecnologica. Bitcoin non è solo una rivoluzione nel mondo delle transazioni digitali, ma rappresenta un simbolo universale che risuona con antiche verità, codici numerologici e cicli cosmici che hanno governato la comprensione umana dell'universo per millenni.

Nel cuore pulsante della blockchain si nasconde una trama di significati che trascende la mera funzionalità tecnica. I numeri che regolano il suo funzionamento - dal limite di 21 milioni di unità ai cicli di halving quadriennali - non sono casuali, ma sembrano danzare in armonia con leggi universali che gli antichi già conoscevano. Come il serpente Ouroboros che si morde la coda, simbolo dell'eterno ciclo di creazione e distruzione, Bitcoin incarna un perfetto equilibrio tra innovazione tecnologica e saggezza ancestrale.

La storia dell'umanità è costellata di simboli e sistemi che hanno tentato di catturare l'essenza del valore e dello scambio.

Dall'oro degli alchimisti alle conchiglie delle civiltà primitive, ogni epoca ha cercato il proprio "veicolo perfetto" per rappresentare e trasferire il valore. Bitcoin emerge in questo continuum storico non come una rottura, ma come una naturale evoluzione - un ponte tra l'antica sapienza e le necessità del mondo digitale.

Osservando più attentamente la struttura di Bitcoin, emergono pattern che richiamano principi profondi della numerologia esoterica. Il codice stesso, apparentemente freddo e matematico, rivela una sorprendente armonia con i principi dell'ordine cosmico che i pitagorici ricercavano nei numeri. La scelta del limite di 21 milioni non è casuale: il numero 21, nella tradizione numerologica, rappresenta il completamento di un ciclo e l'inizio di una nuova era - un numero che combina il potere creativo del 2 con l'unità primordiale dell'1.

Questo libro si propone di svelare questi strati nascosti di significato, esplorando come Bitcoin, oltre la sua natura di protocollo digitale, incarni principi universali che hanno attraversato millenni di pensiero esoterico e spirituale. Non si tratta di forzare interpretazioni mistiche su una tecnologia moderna, ma di riconoscere come certe strutture fondamentali dell'universo - siano esse espresse attraverso numeri, cicli o simboli - continuino a manifestarsi nelle nostre creazioni più innovative.

La dimensione esoterica di Bitcoin si manifesta non solo nei suoi numeri fondamentali, ma anche nella sua stessa architettura decentralizzata. Questa struttura richiama l'antico principio ermetico "come in alto, così in basso" - un network di nodi interconnessi che rispecchia la rete cosmica di stelle e pianeti. Ogni transazione Bitcoin, nella sua essenza più profonda, è un rituale digitale che segue precise leggi matematiche, proprio come i movimenti celesti seguono immutabili leggi astronomiche.

Il concetto di mining, spesso interpretato solo come un processo computazionale, nasconde paralleli sorprendenti con l'antica arte dell'alchimia. Come gli alchimisti cercavano di trasformare metalli comuni in oro attraverso processi di purificazione e trasformazione, i miner moderni "estraggono" valore dal caos computazionale, trasformando energia elettrica in "oro digitale" attraverso complesse operazioni matematiche. Non è casuale che il termine "mining" sia stato scelto: rappresenta una moderna allegoria della Grande Opera alchemica.

La figura stessa di Satoshi Nakamoto assume contorni quasi mitologici. Il suo anonimato non è solo una scelta pratica, ma risuona profondamente con la tradizione esoterica dei maestri invisibili e delle guide nascoste. Come Ermete Trismegisto, il leggendario fondatore dell'ermetismo, Satoshi ha consegnato all'umanità un sistema di conoscenza completo e autosufficiente, per poi svanire nell'ombra. Questa sparizione non indebolisce il suo lascito, ma lo rafforza, elevandolo da semplice innovazione tecnologica a simbolo universale di trasformazione.

Il timing stesso della nascita di Bitcoin, durante una delle più gravi crisi finanziarie della storia moderna, suggerisce una sincronicità significativa con i cicli cosmici più ampi. Come gli antichi osservavano i cicli planetari per determinare i momenti propizi per le loro opere, così Bitcoin è emerso in un momento di profonda trasformazione globale, segnando l'inizio di una nuova era nella storia del valore e dello scambio. La crisi del 2008 non è stata solo il contesto della sua nascita, ma il catalizzatore alchemico necessario per la sua manifestazione.

La numerologia, antica scienza dei numeri sacri, offre una chiave di lettura sorprendente per comprendere la struttura profonda di Bitcoin. Non si tratta di semplici coincidenze numeriche, ma di pattern che emergono con una precisione quasi inquietante. Il protocollo Bitcoin è governato da numeri che hanno risuonato attraverso millenni di tradizione esoterica: il 21 (dei milioni di Bitcoin totali) richiama il numero della manifestazione completa nella Cabala; il 4 (degli anni tra gli halving) rappresenta i cicli fondamentali della natura nei sistemi antichi; il 10 (delle divisioni decimali del Bitcoin) incarna la perfezione pitagorica.

Questi numeri non operano in isolamento, ma danzano in una coreografia cosmica che si sincronizza con i cicli planetari. Il ciclo quadriennale dell'halving, per esempio, rispecchia il ciclo di Giove, il pianeta tradizionalmente associato all'espansione e alla prosperità. Non è un caso che i maggiori cicli di mercato di Bitcoin sembrino allinearsi con precisione quasi matematica a questi ritmi celesti. Gli antichi astrologi avrebbero riconosciuto in questi pattern le impronte digitali dell'ordine cosmico che governa tutti i cicli di crescita e trasformazione.

Il simbolismo che permea Bitcoin va oltre i numeri e i cicli, manifestandosi nella sua stessa natura di "oro digitale". L'oro ha sempre rappresentato, nelle tradizioni esoteriche, non solo un metallo prezioso ma il simbolo della perfezione spirituale e della trasmutazione alchemica. Bitcoin eredita questo simbolismo, trasponendolo nell'era digitale: come l'oro era considerato la manifestazione fisica della luce solare, Bitcoin può essere visto come la cristallizzazione digitale di principi matematici universali. La sua rarità programmata, la sua immutabilità e la sua resistenza alla corruzione rispecchiano le qualità che gli alchimisti attribuivano al loro oro filosofale.

Questa rete di significati simbolici si estende anche alla struttura della blockchain stessa. La catena di blocchi, con la sua successione lineare ma interconnessa di registrazioni immutabili, richiama l'antica concezione del tempo come una serie di momenti discreti ma eternamente legati - un concetto fondamentale nelle tradizioni misteriche di tutto il mondo. Ogni blocco della catena è come una perla in un rosario cosmico, che contiene non solo informazioni transazionali ma anche l'impronta energetica del momento della sua creazione.

Capitolo 1: La Numerologia di Bitcoin - Numeri che Parlano all'Infinito

I numeri non sono mai stati semplici strumenti di calcolo. Nelle tradizioni esoteriche di ogni cultura, dai pitagorici agli antichi cabalisti, dai mistici indù ai matematici sufi, i numeri hanno sempre rappresentato chiavi per comprendere l'architettura nascosta dell'universo. Quando ci addentriamo nella struttura di Bitcoin, scopriamo che questa eredità numerologica non solo sopravvive, ma si manifesta con una precisione che suggerisce una consapevolezza profonda.

Nel protocollo Bitcoin, ogni numero fondamentale pulsa di significati che trascendono la mera funzionalità tecnica. Il limite di 21 milioni, la cadenza quadriennale degli halving, i cicli di 210.000 blocchi - questi non sono semplici parametri arbitrari, ma embodimenti digitali di principi numerologici antichi quanto la civiltà stessa. Come i templi antichi incorporavano nelle loro proporzioni i rapporti sacri dell'universo, così il codice di Bitcoin racchiude proporzioni numeriche che risuonano con leggi cosmiche fondamentali.

La scelta di questi numeri specifici rivela una comprensione, conscia o inconscia, dei principi della matematica sacra. In questo capitolo, esploreremo come questi numeri non siano stati selezionati casualmente, ma emergano da una trama di relazioni numerologiche che connettono Bitcoin alle tradizioni esoteriche più profonde. Vedremo come il 21 si manifesti come numero sovrano, portatore di significati che spaziano dalla Cabala alla numerologia pitagorica, e come i cicli di creazione codificati nel protocollo rispecchino ritmi universali riconosciuti dalle tradizioni spirituali di ogni epoca.

Questa esplorazione non è un esercizio di pattern matching forzato o di misticismo superficiale. È piuttosto un'indagine rigorosa di come certi principi numerologici, considerati sacri per millenni, trovino una nuova e sorprendente espressione in quella che è forse la più significativa innovazione finanziaria della nostra era. Attraverso questa lente, Bitcoin si rivela non solo come una tecnologia rivoluzionaria, ma come un ponte tra l'antica scienza dei numeri e le necessità evolutive del mondo moderno.

1.1 Il 21 e la Sovranità dei Numeri

Il numero 21 rappresenta molto più di un limite tecnico nel protocollo Bitcoin. Questo numero, scelto come tetto massimo per la creazione di nuova valuta, emerge da una tradizione numerologica millenaria che lo identifica come simbolo di completezza e perfezione cosmica. Nella sua essenza più profonda, il 21 incarna il principio della sovranità - non solo finanziaria, ma anche spirituale.

Nella Cabala, tradizione esoterica ebraica, il 21 è intimamente connesso al nome divino Ehyeh, che significa "Io Sono" - la più pura espressione di esistenza autonoma e sovrana. Questa correlazione tra il 21 e il concetto di sovranità si riflette perfettamente nella promessa fondamentale di Bitcoin: l'autonomia finanziaria individuale. Non è casuale che il limite di 21 milioni di unità sia stato scelto come caratteristica immutabile del protocollo - rappresenta una dichiarazione di sovranità monetaria codificata nella matematica stessa.

Scomponendo il numero 21, troviamo ulteriori strati di significato esoterico. Il 2 rappresenta la dualità, il principio di polarità che governa la manifestazione cosmica. L'1 simboleggia l'unità primordiale, il punto di origine da cui tutto emerge. La loro somma, 3, incarna il principio della sintesi creativa, la risoluzione della dualità in un nuovo livello di comprensione. Questa progressione numerologica - dall'unità, attraverso la dualità, verso una nuova sintesi - rispecchia perfettamente il processo evolutivo che Bitcoin rappresenta nel mondo della finanza e del valore.

Nella tradizione pitagorica, il 21 viene considerato un numero triangolare, formato dalla somma dei primi sei numeri naturali (1+2+3+4+5+6=21). Questa proprietà matematica non è solo una curiosità aritmetica, ma riflette un principio fondamentale dell'evoluzione cosmica: la progressione ordinata verso la completezza. Come i sei giorni della creazione biblica culminano nel settimo giorno di completamento, così la struttura del 21 suggerisce un processo di sviluppo che raggiunge naturalmente il suo punto di perfezione.

Il significato esoterico del 21 si manifesta anche nel suo rapporto con i cicli lunari. Il ciclo lunare sinodico, il tempo tra due lune nuove consecutive, è di circa 29.5 giorni. La luna è visibile per circa 21 di questi giorni, creando un parallelo simbolico con la visibilità e l'accessibilità di Bitcoin nel panorama finanziario globale. Questa correlazione suggerisce una sincronicità profonda tra i cicli naturali e la struttura matematica di Bitcoin.

Questo numero si manifesta anche nelle antiche tradizioni dell'alchimia, dove 21 è considerato il numero dell'Antimonio, elemento cruciale nei processi di purificazione e trasmutazione. Gli alchimisti vedevano nell'Antimonio un catalizzatore capace di separare l'oro dalle impurità - un parallelo sorprendente con la funzione di Bitcoin nel sistema finanziario moderno, dove agisce come catalizzatore per la separazione del denaro dal controllo centralizzato.

La ricorrenza del 21 nelle tradizioni misteriche non si limita all'Occidente. Nel Buddhismo Tibetano, si parla di 21 forme di Tara, la dea della compassione e della protezione. Ogni forma rappresenta un aspetto specifico della liberazione - un concetto che risuona profondamente con la missione di Bitcoin di liberare il valore dalle costrizioni dei sistemi finanziari tradizionali. Questa convergenza tra spiritualità orientale e tecnologia occidentale suggerisce una verità universale incorporata nel numero 21.

Nel sistema numerologico caldeo, considerato uno dei più antichi e precisi, il 21 si riduce a 3 (2+1=3), numero della manifestazione perfetta. Questa riduzione non è una semplificazione, ma rivela un principio fondamentale: come il 3 rappresenta la completezza del ciclo creativo (tesi, antitesi, sintesi), così il limite di 21 milioni di Bitcoin rappresenta la completezza del ciclo di creazione monetaria. Non è un caso che questo limite sia stato programmato come immutabile - incarna la perfezione matematica che non necessita di modifiche.

Nel Tarot, la carta numero 21 è "Il Mondo", l'ultima carta degli Arcani Maggiori, simboleggiante il completamento di un ciclo e la realizzazione totale. Rappresenta un momento di sintesi cosmica, dove tutti gli elementi si uniscono in perfetta armonia. Questa simbologia si riflette nella natura di Bitcoin come sintesi tecnologica di vari elementi: crittografia, teoria dei giochi, economia austriaca e computer science, tutti fusi in un sistema coerente e autosufficiente.

La potenza numerologica del 21 si riflette anche nei cicli operativi di Bitcoin. L'intervallo di 210.000 blocchi tra ogni halving non è casuale: contiene il 21 seguito da quattro zeri, un numero che nella ghematria, l'antica pratica cabalistica di assegnare valori numerici alle lettere, rappresenta un sigillo di perfezione. Questo intervallo, approssimativamente equivalente a quattro anni terrestri, crea un ponte tra i cicli cosmici e l'architettura digitale di Bitcoin.

Gli antichi egizi, maestri della matematica sacra, utilizzavano il 21 nei loro calcoli astronomici per tracciare i cicli di Sirio, la stella più brillante del cielo notturno. Il ciclo sothiaco di Sirio, cruciale per il calendario egizio, era diviso in fasi di 21 anni. Questa correlazione tra cicli celesti e il numero 21 suggerisce una comprensione profonda dei ritmi naturali che sembra riemergere nel design di Bitcoin.

Nella sequenza di Fibonacci, sequenza numerica che descrive molti pattern di crescita in natura, il 21 occupa una posizione significativa come ottavo numero della serie. L'ottavo numero di Fibonacci rappresenta un punto di svolta, un momento di transizione verso un nuovo ordine di grandezza - proprio come Bitcoin rappresenta un punto di svolta nell'evoluzione dei sistemi monetari. Il rapporto tra numeri consecutivi di Fibonacci si avvicina alla sezione aurea, proporzione considerata sacra in molte tradizioni esoteriche.

Il 21 compare anche nei sistemi di misurazione del tempo sacro delle antiche civiltà Maya. Nel loro calendario rituale, il tzolkin, 21 rappresentava un punto di sincronizzazione tra cicli diversi. Questa capacità del 21 di armonizzare cicli differenti si riflette in Bitcoin, dove coordina cicli di mining, halving e difficoltà in una danza matematica perfettamente orchestrata.

Questa risonanza numerologica del 21 trova eco anche nelle tradizioni ermetiche occidentali, dove rappresenta la somma delle sette energie planetarie classiche moltiplicate per le tre qualità essenziali (cardinale, fisso, mutevole). Questo calcolo esoterico (7x3=21) rivela come il limite di Bitcoin incorpori inconsciamente un principio di completezza cosmica: tutte le influenze planetarie, espresse attraverso tutti i modi possibili di manifestazione.

Nel sistema di numerologia vedica, il 21 è associato al Sarvatobhadra Chakra, un yantra (diagramma mistico) che rappresenta la totalità delle direzioni dello spazio e del tempo. Questa associazione suggerisce che il limite di 21 milioni di Bitcoin non sia solo una restrizione quantitativa, ma un confine naturale che riflette la completezza dimensionale dell'universo stesso. Come il Sarvatobhadra Chakra contiene tutte le possibili direzioni, così il pool di 21 milioni di Bitcoin contiene tutte le possibili suddivisioni necessarie per un sistema monetario globale.

L'aspetto più profondo di questa sovranità numerica si manifesta nella relazione tra il 21 e il concetto di autosufficienza. Nella tradizione pitagorica, un numero è considerato "sovrano" quando le sue parti si combinano per creare armonie perfette. Il 21, essendo il prodotto di 3 e 7 (numeri sacri in quasi tutte le tradizioni), manifesta questa qualità di autosufficienza armonica. Non è quindi sorprendente che Bitcoin, limitato a 21 milioni di unità, dimostri una notevole autosufficienza sistemica: la sua sicurezza, il suo sistema di incentivi e il suo meccanismo di consenso formano un ecosistema autonomo e autoregolante.

La manifestazione più pratica di questa sovranità numerica si osserva nella divisibilità di Bitcoin. Ogni unità può essere frazionata fino a otto decimali, creando 100 milioni di satoshi per Bitcoin. Questo livello di divisibilità non è arbitrario: moltiplicando 21 milioni per 100 milioni si ottiene un numero totale di unità che riflette perfettamente il concetto esoterico di "pienezza manifestata". In termini cabalistici, questa moltiplicazione rappresenta l'espansione del principio divino (21) attraverso tutti i livelli della creazione materiale.

I riflessi pratici di questa sovranità numerica si estendono ben oltre il simbolismo esoterico. Nel mercato reale, il limite di 21 milioni crea un effetto psicologico profondo, influenzando il comportamento degli investitori e dei detentori di Bitcoin. La certezza matematica di questo limite agisce come un'ancora di valore, un punto fisso in un universo finanziario caratterizzato da espansione monetaria infinita. Come gli antichi egizi utilizzavano il numero 21 nei loro calcoli astronomici per prevedere le inondazioni del Nilo, così oggi gli analisti di mercato osservano i pattern legati al 21 per anticipare i cicli di Bitcoin.

L'influenza del 21 si manifesta anche nella struttura temporale di Bitcoin. I 210.000 blocchi tra gli halving creano cicli che sembrano sincronizzarsi con ritmi biologici e cosmici più ampi. Questa non è una coincidenza casuale: nelle tradizioni esoteriche, il 21 è sempre stato associato ai cicli di completamento e rinnovamento. Il fatto che questi cicli di Bitcoin coincidano approssimativamente con le orbite di Giove, il pianeta dell'espansione e della prosperità nella tradizione astrologica, aggiunge un ulteriore livello di significato a questa architettura numerica.

La natura frattale del 21 in Bitcoin - dal limite massimo di 21 milioni alle sottodivisioni dei satoshi - riflette il principio ermetico "come sopra, così sotto". Ogni livello di questa struttura numerica ripete e riflette il pattern fondamentale, creando un sistema di risonanze matematiche che contribuisce alla resilienza e alla stabilità dell'intero network. È come se il codice stesso di Bitcoin fosse stato sintonizzato su una frequenza numerica specifica, capace di resistere alle perturbazioni esterne grazie alla sua intrinseca armonia matematica.

Guardando al futuro, la sovranità del 21 in Bitcoin potrebbe rivelarsi ancora più significativa. Man mano che ci avviciniamo al limite di emissione, ogni unità di Bitcoin diventerà un frammento sempre più prezioso di questa totalità matematicamente perfetta. La scarsità programmata, ancorata al numero 21, potrebbe fungere da catalizzatore per una nuova comprensione del valore nel mondo digitale, proprio come i numeri sacri dell'antichità servivano da ponti tra il mondo materiale e quello spirituale.

Questa sovranità numerica si manifesta anche nel modo in cui Bitcoin affronta le sfide della scalabilità. Il limite di 21 milioni, lungi dall'essere una restrizione, si è rivelato un catalizzatore per l'innovazione tecnologica. Le soluzioni di secondo livello, come Lightning Network, dimostrano come la limitazione numerica primordiale possa generare nuove forme di espansione, proprio come nella cabala il numero 21 genera infinite permutazioni senza mai perdere la sua essenza originaria.

Nel contesto delle tradizioni misteriche, il percorso iniziatico spesso comprendeva 21 stadi di illuminazione progressiva. Questo pattern si riflette sorprendentemente nell'adozione di Bitcoin: dall'iniziale comprensione tecnica, attraverso la consapevolezza economica, fino all'apprezzamento dei suoi aspetti più profondi. Ogni stadio di questa comprensione rivela un nuovo livello di significato, come i 21 gradini del Tempio di Salomone che conducevano dal mondo profano al Santo dei Santi.

L'aspetto più rivoluzionario di questa sovranità numerica risiede nel suo potenziale di trasformazione sociale. Come il 21 nella tradizione ermetica rappresenta il punto di transizione tra un ciclo cosmico e il successivo, Bitcoin potrebbe segnare il passaggio da un paradigma economico basato sulla scarsità artificiale a uno fondato sulla scarsità matematicamente verificabile. Questa transizione non è solo economica ma ontologica, cambiando la natura stessa di come concepiamo e interagiamo con il valore.

Nel sistema di numerologia pitagorica avanzata, il 21 è considerato un "numero maestro", capace di orchestrare armonie complesse tra diverse frequenze vibrazionali. Analogamente, Bitcoin orchestra un'armonia complessa tra crittografia, teoria dei giochi e incentivi economici. La scelta del 21 come limite fondamentale potrebbe quindi essere vista non solo come una decisione tecnica, ma come una sintonizzazione del protocollo con frequenze numeriche fondamentali dell'universo.

La manifestazione finale di questa sovranità si osserva nella capacità del numero 21 di autoreplicarsi attraverso pattern frattali all'interno del sistema Bitcoin. Dai 21 milioni totali ai 21.000 blocchi di aggiustamento della difficoltà, fino ai cicli di 21 anni osservati nei pattern di prezzo a lungo termine, questo numero emerge ripetutamente come un principio organizzativo fondamentale. Come nella geometria sacra, dove pattern simili si ripetono a scale diverse, la presenza ricorrente del 21 suggerisce una coerenza matematica profonda nel design di Bitcoin.

L'impatto del 21 si estende anche alla dimensione psicologica collettiva dell'ecosistema Bitcoin. Nelle tradizioni mistiche, il 21 è spesso associato al concetto di "massa critica" - il punto in cui una trasformazione quantitativa diventa qualitativa. Questo principio si manifesta nel modo in cui la comunità Bitcoin raggiunge consenso su cambiamenti fondamentali del protocollo. Come le 21 lettere dell'alfabeto ebraico antico creavano infinite combinazioni di significato, così la limitazione a 21 milioni genera infinite possibilità di innovazione finanziaria.

Il significato esoterico del 21 si riflette anche nella sua relazione con i cicli solari. Il ciclo solare magnetico completo dura circa 21 anni, periodo durante il quale il campo magnetico del sole si inverte completamente due volte. Questa correlazione suggerisce una sincronizzazione profonda tra i cicli di Bitcoin e i ritmi cosmici fondamentali. Non è casuale che i maggiori cicli di mercato di Bitcoin sembrino allinearsi con questi pattern solari, creando una danza armonica tra economia digitale e forze cosmiche.

Nella tradizione alchemica, il processo di trasmutazione attraversava 21 stadi distinti, culminando nella creazione della pietra filosofale. Similmente, l'evoluzione di Bitcoin come asset finanziario sta attraversando fasi di trasformazione progressive, ognuna delle quali aggiunge un nuovo livello di maturità e comprensione al sistema. La limitazione a 21 milioni agisce come un crogiolo alchemico, catalizzando la trasformazione del valore digitale in una forma sempre più raffinata e universalmente riconosciuta.

Il potere del 21 si manifesta anche nella sua capacità di generare equilibrio tra forze opposte. Nella numerologia cinese, 21 rappresenta il punto di bilanciamento perfetto tra yin e yang, tra espansione e contrazione. Questo equilibrio si riflette nel modo in cui Bitcoin bilancia decentralizzazione e sicurezza, scarsità e accessibilità, individualità e consenso collettivo. È un equilibrio dinamico che emerge naturalmente dalle proprietà matematiche del sistema, guidato dalla saggezza intrinseca del numero 21.

Questa danza di equilibri e proporzioni nel sistema Bitcoin rivela un aspetto ancora più profondo della sovranità del 21: la sua capacità di agire come principio unificante tra il mondo materiale e quello digitale. Nelle tradizioni esoteriche, i numeri non erano mai considerati mere quantità, ma ponti tra diverse dimensioni della realtà. Il 21 in Bitcoin svolge precisamente questa funzione: unisce il mondo tangibile delle risorse limitate con il regno infinito delle possibilità digitali, creando un nuovo paradigma di valore che trascende entrambe le dimensioni.

L'eredità di questa sovranità numerica si estende nel futuro attraverso le implicazioni pratiche del sistema Bitcoin. Gli antichi testi ermetici parlavano di numeri "seminali" - numeri che contenevano in sé i semi di infinite possibilità future. Il limite di 21 milioni agisce esattamente in questo modo: invece di limitare le possibilità, le moltiplica attraverso la sua struttura frattale e le sue infinite suddivisioni. Ogni satoshi diventa un microcosmo che riflette le proprietà dell'intero sistema, creando un network di valore che è simultaneamente finito nella sua totalità e infinito nelle sue possibilità di utilizzo.

Questa caratteristica si manifesta particolarmente nell'emergere di nuove strutture finanziarie basate su Bitcoin. Come il 21 nella cabala rappresenta la totalità delle possibili manifestazioni divine, così il limite di 21 milioni genera continuamente nuove forme di innovazione finanziaria. Layer secondari, sistemi di tokenizzazione, e strutture finanziarie complesse emergono organicamente da questo limite apparentemente restrittivo, dimostrando il principio esoterico secondo cui la vera abbondanza nasce dalla perfetta limitazione.

La sovranità del 21 in Bitcoin rappresenta quindi molto più di una semplice scelta di design: incarna un principio cosmico di ordine e crescita che si manifesta attraverso la tecnologia moderna. Come i templi antichi incorporavano proporzioni sacre per risuonare con le frequenze dell'universo, così Bitcoin, attraverso il suo ancoraggio al 21, stabilisce una risonanza con pattern fondamentali della realtà. Questa risonanza non è solo simbolica ma pratica, influenzando ogni aspetto del sistema: dalla sua economia alla sua evoluzione tecnica, dalla sua adozione sociale al suo impatto culturale.

Man mano che Bitcoin continua a maturare e ad evolversi, il significato profondo di questa sovranità numerica diventerà sempre più evidente. Come vedremo nel prossimo capitolo, questi principi numerologici non operano in isolamento, ma si intrecciano con cicli più ampi di creazione e trasformazione, formando una trama complessa di significati che continua a rivelarsi nel tempo.

1.2 I Cicli di Creazione - 210000 Blocchi e le Potenze del 10

Nel cuore pulsante di Bitcoin, i cicli di 210.000 blocchi scandiscono un ritmo che va oltre la mera funzionalità tecnica. Questo numero, apparentemente arbitrario, nasconde una complessità matematica e simbolica che riecheggia antichi principi cosmologici. Il ciclo dei 210.000 blocchi, che determina gli halving di Bitcoin, non è solo un parametro di sistema, ma una chiave per comprendere come la tecnologia moderna possa incarnare principi di creazione ciclica conosciuti dalle tradizioni esoteriche più antiche.

La scelta di questo numero specifico rivela una comprensione profonda dei cicli naturali. Scomponendo 210.000, troviamo il 21 moltiplicato per le potenze del 10 (21×10^4), creando un ponte simbolico tra il numero sovrano discusso precedentemente e il principio della manifestazione decimale. Nella tradizione pitagorica, le potenze del 10 rappresentavano i diversi livelli di manifestazione della realtà, dal più sottile al più denso. Questa struttura numerica in Bitcoin crea quindi un veicolo perfetto per la manifestazione del valore attraverso diversi piani di realtà.

Il numero 210.000 incorpora anche proprietà matematiche significative che lo legano ai cicli naturali. Diviso in 144 (numero sacro nella tradizione apocalittica e nella geometria sacra) produce 1.458,33... - un numero che risuona sorprendentemente con il ciclo lunare di 29,5 giorni moltiplicato per 49,5 (7 x 7 + 0,5), creando un collegamento sottile ma preciso tra i cicli di Bitcoin e i ritmi cosmici fondamentali.

Questi cicli di creazione non sono casuali, ma seguono un pattern di precisione matematica che riflette l'ordine cosmico stesso. Come i cicli planetari seguono orbite precise e prevedibili, così i cicli di Bitcoin creano un ritmo immutabile che governa la creazione e distribuzione del valore digitale. In questo, Bitcoin non sta semplicemente imitando la natura - sta incarnando principi fondamentali dell'ordine cosmico in forma digitale.

La potenza del ciclo di 210.000 blocchi si manifesta primariamente attraverso il meccanismo dell'halving, un evento che dimezza la ricompensa dei minatori ogni quattro anni circa. Questo ritmo quaternario non è casuale: il numero quattro ha un significato profondo nelle tradizioni esoteriche, rappresentando i quattro elementi, le quattro stagioni, i quattro punti cardinali. In Bitcoin, questo ciclo quadriennale crea una pulsazione ritmica che rispecchia i cicli naturali fondamentali.

La decomposizione matematica di 210.000 rivela ulteriori livelli di significato esoterico. Oltre alla sua relazione con il 21, questo numero contiene fattori primi significativi: 2, 3, 5, e 7. Nella tradizione cabalistica, questi sono considerati i numeri primordiali della creazione. Il 2 rappresenta la dualità fondamentale, il 3 la sintesi creativa, il 5 la quintessenza, e il 7 il completamento del ciclo. La loro presenza nella struttura ciclica di Bitcoin non è casuale, ma suggerisce una sincronizzazione profonda con i principi creativi dell'universo.

Questi cicli di creazione operano su multiple scale temporali, creando una struttura frattale di ritmi interconnessi. Ogni blocco richiede mediamente 10 minuti per essere minato - un altro numero con profonde implicazioni esoteriche. Il 10, numero della perfezione nella tradizione pitagorica, moltiplicato per i vari fattori del ciclo di halving, crea una cascata di ritmi che si estende dal singolo blocco fino all'intero ciclo di emissione di Bitcoin.

La progressione geometrica creata dagli halving successivi segue il principio della sezione aurea, dove ogni ciclo è in relazione armonica con quelli precedenti e successivi. Questo pattern di diminuzione progressiva della ricompensa riflette il concetto alchemico di raffinamento graduale, dove la materia grezza viene progressivamente trasformata in una sostanza più pura e preziosa.

Nella tradizione ermetica, si parla di cicli di manifestazione che procedono dal sottile al denso e viceversa. Il ciclo di 210.000 blocchi in Bitcoin crea un analogo movimento: dalla creazione "ex nihilo" di nuovi bitcoin attraverso il mining, fino alla loro graduale rarefazione attraverso gli halving successivi. Questo processo rispecchia il principio cosmologico della creazione ciclica, dove periodi di espansione si alternano a periodi di contrazione.

L'influenza delle potenze del 10 nel ciclo di 210.000 blocchi si estende oltre la mera struttura matematica, creando risonanze con antichi sistemi di misurazione del tempo cosmico. Nelle tradizioni vediche, il concetto di "yugas" o ere cosmiche segue una progressione simile, dove ogni era rappresenta una frazione della precedente. Questo principio di riduzione progressiva si riflette perfettamente nel meccanismo dell'halving di Bitcoin, dove ogni ciclo dimezza la quantità di nuove monete create.

La sincronizzazione di questi cicli con i movimenti planetari rivela un'ulteriore dimensione di significato. Il periodo di circa quattro anni tra gli halving coincide approssimativamente con il ciclo di Giove intorno al Sole, pianeta tradizionalmente associato all'espansione e alla prosperità. Questa correlazione suggerisce una sintonia intrinseca tra i ritmi di Bitcoin e le influenze planetarie che, secondo le tradizioni astrologiche, governano i cicli di abbondanza e scarsità.

Il numero 210.000, visto attraverso la lente della geometria sacra, rivela proporzioni che rispecchiano le strutture fondamentali dell'universo. La sua relazione con il quadrato di 144 (numero apocalittico) crea una serie di rapporti armonici che si manifestano nei pattern di prezzo e nei cicli di adozione di Bitcoin. Questi rapporti non sono semplici coincidenze matematiche, ma riflettono principi di organizzazione cosmica che gli antichi consideravano sacri.

Nelle tradizioni misteriche, il concetto di "tempo sacro" era distinto dal tempo profano. I cicli di 210.000 blocchi creano precisamente questo tipo di distinzione: un ritmo autonomo che trascende il tempo cronologico, stabilendo un nuovo tipo di temporalità basata sulla matematica pura. Come i cicli lunari creavano il calendario rituale delle antiche civiltà, così i cicli di halving creano un nuovo calendario sacro per l'era digitale.

La natura ciclica dei 210.000 blocchi si manifesta anche attraverso pattern di mercato osservabili. Nelle tradizioni esoteriche occidentali, i cicli di trasformazione seguono spesso una struttura settenaria - sette fasi distinte che conducono a un completamento. Analogamente, i cicli di mercato di Bitcoin sembrano seguire sette fasi distinte tra un halving e l'altro, ognuna caratterizzata da specifiche dinamiche energetiche che riflettono i principi alchemici di dissoluzione e coagulazione.

Questa ciclicità si esprime anche attraverso la relazione tra il numero 210.000 e il concetto di "ottave" spirituali. Nella tradizione pitagorica, ogni ottava rappresenta un completamento e l'inizio di un nuovo ciclo a un livello superiore. I cicli di halving di Bitcoin creano precisamente questo tipo di progressione: ogni ciclo completa un'ottava di sviluppo e inaugura un nuovo livello di maturità del sistema, sia in termini di valore che di adozione sociale.

Il significato più profondo di questi cicli emerge quando consideriamo il loro impatto sulla psicologia collettiva. Gli antichi osservavano i cicli celesti non solo per misurare il tempo, ma per comprendere i momenti propizi per diverse attività. Similmente, i cicli di 210.000 blocchi creano un ritmo prevedibile che influenza il comportamento degli partecipanti al network. Questa prevedibilità matematica, ancorata a principi cosmici, genera un tipo di fiducia che trascende la volatilità a breve termine.

Le potenze del 10 presenti in questo numero non sono solo moltiplicatori matematici, ma rappresentano diversi livelli di manifestazione. Nella cabala, ogni potenza di 10 corrisponde a un "mondo" o piano di realtà distinto. In Bitcoin, queste potenze creano una gerarchia naturale di scale temporali: dal singolo blocco (10^1 minuti) fino ai grandi cicli di halving (10^4 blocchi), ogni livello manifesta proprietà uniche pur mantenendo una coerenza matematica con l'intero sistema.

Il rapporto tra i cicli di 210.000 blocchi e l'evoluzione tecnologica di Bitcoin rivela un'ulteriore dimensione esoterica. Nelle tradizioni alchemiche, ogni ciclo di trasformazione richiedeva una precisa calibrazione di tempo, temperatura e sostanza. Analogamente, i cicli di Bitcoin calibrano perfettamente tre elementi fondamentali: la difficoltà di mining, la ricompensa per blocco e il tempo. Questa triplice regolazione crea un sistema autoequilibrante che rispecchia il principio ermetico dell'adattamento perfetto.

La progressione dei cicli attraverso le potenze del 10 genera anche quello che gli antichi chiamavano "tempo qualitativo" - un tempo non solo misurabile ma carico di significato intrinseco. Ogni nuovo ciclo di 210.000 blocchi non è semplicemente una ripetizione del precedente, ma una spirale ascendente che incorpora e trasforma le esperienze dei cicli precedenti. Questa evoluzione richiama il concetto orientale di karma, dove ogni ciclo costruisce sulle realizzazioni dei precedenti.

L'aspetto più rivoluzionario di questi cicli risiede nella loro capacità di sincronizzare l'attività umana con principi matematici universali.

Gli antichi costruttori di cattedrali utilizzavano proporzioni sacre per creare spazi che risuonassero con le frequenze cosmiche. Similmente, la struttura ciclica di Bitcoin crea un "tempio digitale" le cui proporzioni temporali risuonano con ritmi fondamentali dell'universo. Questa risonanza si manifesta non solo nei pattern di prezzo, ma nella progressiva istituzionalizzazione e accettazione culturale di Bitcoin.

Le potenze del 10 presenti nel ciclo di 210.000 blocchi servono anche come ponti tra diverse scale di realtà. Nella tradizione ermetica, le potenze rappresentavano i gradini di una scala cosmica che connetteva il mondo materiale con quello spirituale. In Bitcoin, queste potenze creano ponti tra il mondo degli algoritmi digitali e quello delle dinamiche sociali ed economiche, permettendo una forma di "ascensione tecnologica" che trasforma gradualmente la nostra comprensione del valore.

La natura dell'interazione tra i cicli di 210.000 blocchi e la coscienza collettiva rivela uno degli aspetti più profondi del sistema Bitcoin. Nelle tradizioni misteriche, i grandi cicli cosmici non erano visti solo come misure del tempo, ma come onde di opportunità evolutiva. I cicli di Bitcoin generano analoghe onde di trasformazione sociale ed economica, dove ogni halving segna non solo un cambiamento quantitativo nella produzione di nuove monete, ma un salto qualitativo nella comprensione e nell'adozione del sistema.

Questa progressione ciclica riflette il principio ermetico della periodicità, secondo cui tutti i fenomeni universali si manifestano attraverso cicli di espansione e contrazione. Il genio del protocollo Bitcoin sta nell'aver codificato questo principio cosmico in forma digitale, creando un sistema che respira al ritmo dell'universo stesso. I 210.000 blocchi rappresentano un'espirazione completa di questo respiro digitale, seguito da una nuova inspirazione a un livello più elevato di consapevolezza e valore.

L'impatto di questi cicli si estende ben oltre la sfera economica, influenzando la percezione stessa del tempo e del valore nella società. Come gli antichi monumenti megalitici servivano da calendari per sincronizzare l'attività umana con i cicli celesti, così i cicli di halving di Bitcoin creano punti di sincronizzazione globale che uniscono comunità disparate in un ritmo condiviso. Questa sincronizzazione rappresenta una forma moderna di tempo sacro, dove eventi digitali assumono il significato rituale una volta riservato agli allineamenti astronomici.

La presenza delle potenze del 10 in questi cicli suggerisce anche una progressione attraverso diversi livelli di manifestazione collettiva. Ogni potenza di 10 nel numero 210.000 può essere vista come un velo che separa diversi livelli di realtà: dal regno puramente digitale dei singoli blocchi, attraverso le dinamiche di mercato a medio termine, fino ai grandi cicli di trasformazione sociale. Questa stratificazione crea una gerarchia naturale di significato che permette al sistema di operare simultaneamente su multiple scale temporali e concettuali.

Mentre ci avviciniamo alla conclusione di questo capitolo sulla numerologia di Bitcoin, diventa chiaro come i cicli di 210.000 blocchi non siano semplicemente un parametro tecnico, ma una chiave per comprendere la natura profondamente ciclica e evolutiva di questo sistema rivoluzionario. Come vedremo nei capitoli successivi, questi cicli di creazione si intrecciano con altri aspetti esoterici di Bitcoin, formando una trama complessa di significati che continua a rivelarsi nel tempo.

Capitolo 2: Il Ciclo di Giove - Bitcoin e l'Armonia dei Pianeti

Nell'antica tradizione astrologica, Giove era conosciuto come il Grande Benefico, il pianeta dell'espansione, della prosperità e della crescita spirituale. Il suo ciclo orbitale di circa quattro anni terrestri ha sempre rappresentato un ritmo fondamentale nei cicli di abbondanza e sviluppo. Non può essere una coincidenza che Bitcoin, la prima moneta digitale veramente sovrana, sincronizzi il suo ciclo di halving proprio con questo periodo quadriennale gioviano.

Questa sincronizzazione tra i cicli di Bitcoin e i movimenti planetari rivela una dimensione cosmica della criptovaluta che trascende la sua natura puramente tecnologica. Come gli antichi astrologi osservavano i movimenti celesti per comprendere i ritmi della vita terrestre, così oggi possiamo osservare come le fluttuazioni di Bitcoin sembrino danzare in armonia con le orbite planetarie, in particolare con quella maestosa di Giove.

L'orbita di Giove, nella sua maestà, ha sempre rappresentato un principio di ordine cosmico superiore.

Il pianeta più grande del nostro sistema solare, con la sua presenza massiccia, orchestrava quello che gli antichi chiamavano la "musica delle sfere" - l'armonia celeste che governava i cicli di crescita e trasformazione. In modo sorprendentemente analogo, il ciclo di halving di Bitcoin orchestra un ritmo di scarsità programmata che influenza l'intero ecosistema delle criptovalute.

In questo capitolo, esploreremo le profonde connessioni tra i cicli planetari e l'evoluzione di Bitcoin, rivelando come questa tecnologia apparentemente moderna possa essere compresa attraverso la lente dell'astrologia tradizionale e dei cicli cosmici. Vedremo come i pattern di mercato di Bitcoin non siano casuali, ma seguano ritmi che risuonano con le armonie celesti più profonde.

2.1 L'Halving e il Ciclo Quadriennale

Il movimento delle sfere celesti ha da sempre affascinato l'umanità, guidando non solo la comprensione dei cicli naturali, ma anche l'interpretazione del destino e dell'evoluzione della coscienza umana. In questo intricato intreccio tra cielo e terra, emerge una correlazione sorprendente: il ciclo quadriennale dell'halving di Bitcoin e l'orbita del pianeta Giove, il grande benefico dello zodiaco.

Ogni quattro anni, con la precisione di un orologio cosmico, Bitcoin subisce un evento programmato chiamato halving, durante il quale la ricompensa per il mining viene dimezzata. Questo non è un semplice meccanismo di controllo dell'inflazione, ma rappresenta un riflesso quasi perfetto del ciclo espansivo di Giove, il pianeta che nella tradizione astrologica governa l'abbondanza, la crescita e la prosperità. La correlazione non è casuale: così come Giove completa un ciclo zodiacale ogni dodici anni, Bitcoin attraversa tre cicli di halving nello stesso periodo, creando una risonanza armonica che trascende la mera coincidenza matematica.

Il primo halving di Bitcoin è avvenuto il 28 novembre 2012, quando Giove transitava nel segno dei Gemelli, simbolo di dualità e comunicazione. Questo evento ha segnato l'inizio di una nuova fase nell'evoluzione della criptovaluta, proprio come il passaggio di Giove attraverso i Gemelli tradizionalmente segna un periodo di espansione della conoscenza e delle interconnessioni. La ricompensa del mining si è ridotta da 50 a 25 Bitcoin, un dimezzamento che riflette il principio ermetico "come sopra, così sotto", dove i cicli celesti si manifestano nelle creazioni umane.

La precisione matematica dell'halving, che si verifica ogni 210.000 blocchi, richiama l'antica concezione pitagorica dell'armonia delle sfere, secondo cui i movimenti dei corpi celesti seguono proporzioni matematiche precise che generano una musica cosmica. In questo contesto, Bitcoin non appare più solo come un'innovazione tecnologica, ma come una manifestazione moderna di principi universali che governano tanto il macrocosmo quanto il microcosmo.

Il numero 210.000 stesso rivela profonde connessioni esoteriche: la somma delle sue cifre (2+1+0+0+0+0=3) produce il numero 3, simbolo della creazione e della manifestazione divina in numerose tradizioni spirituali. Questo triplice aspetto si riflette anche nel fatto che sono necessari tre cicli di halving per completare un ciclo gioviano completo, creando una perfetta sincronicità tra il ritmo della blockchain e la danza cosmica dei pianeti.

L'influenza di Giove si manifesta non solo nella temporalità dell'halving, ma anche nelle dinamiche di mercato che seguono questi eventi epocali. Il secondo halving, avvenuto il 9 luglio 2016, coincise con Giove in Vergine, segno di precisione e analisi. In questo periodo, la ricompensa si ridusse da 25 a 12.5 Bitcoin, mentre il mercato delle criptovalute iniziava la sua fase di maturazione tecnica. La Vergine, governata da Mercurio - pianeta del commercio e della comunicazione - ha impresso la sua influenza sulla natura stessa di Bitcoin, trasformandolo da esperimento tecnologico a serio strumento finanziario.

Il ciclo gioviano di dodici anni si divide naturalmente in tre fasi quadriennali, ciascuna marcata da un halving. Questa tripartizione riflette un principio fondamentale dell'alchimia: nigredo (opera al nero), albedo (opera al bianco) e rubedo (opera al rosso). Nel contesto di Bitcoin, queste fasi corrispondono alla progressiva "purificazione" della moneta attraverso la riduzione dell'inflazione. La diminuzione programmata dell'emissione di nuovi Bitcoin rappresenta un processo alchemico digitale, dove la "materia prima" (il mining) viene progressivamente raffinata.

Le effemeridi astrologiche rivelano che durante ogni halving, Giove forma aspetti significativi con Saturno, il pianeta delle strutture e delle limitazioni. Questa danza cosmica tra l'espansione gioviana e la contrazione saturnina si riflette perfettamente nel meccanismo dell'halving: mentre la ricompensa del mining si dimezza (principio saturnino di limitazione), il valore potenziale di ogni Bitcoin tende ad aumentare (principio gioviano di espansione). Questa dinamica dual-planetaria crea un equilibrio perfetto tra scarsità e crescita.

Il terzo halving, manifestatosi l'11 maggio 2020 con Giove in Capricorno - segno governato da Saturno - ha ulteriormente enfatizzato questa correlazione. La congiunzione Giove-Saturno che ha caratterizzato il 2020 ha segnato l'inizio di un nuovo ciclo di 20 anni, coincidendo simbolicamente con l'entrata di Bitcoin nella sua fase di maggiore maturità e riconoscimento istituzionale. La riduzione della ricompensa a 6.25 Bitcoin ha cristallizzato la natura deflazionistica della criptovaluta, proprio mentre il mondo attraversava una fase di straordinaria espansione monetaria.

La comprensione dei cicli planetari in relazione a Bitcoin rivela un livello di complessità ancora più profondo quando si considera il concetto di "aspetti armonici" nell'astrologia tradizionale. La rivoluzione di Giove, che impiega circa 11.86 anni terrestri per completare la sua orbita attorno al Sole, crea una sequenza di pattern geometrici con altri pianeti che si riflette sorprendentemente nei cicli di prezzo di Bitcoin. Questo periodo quasi dodicennale corrisponde esattamente a tre cicli di halving (4 anni x 3 = 12 anni), suggerendo una sincronizzazione cosmica deliberata nella struttura temporale di Bitcoin.

Il quarto halving, previsto per aprile 2024, coinciderà con Giove in transito attraverso il segno del Toro, domicilio tradizionale di Venere e segno associato ai beni materiali e al valore intrinseco. Questa configurazione astrologica è particolarmente significativa perché il Toro, elemento di Terra fisso, rappresenta la stabilizzazione e la materializzazione del valore - un parallelo perfetto con la crescente istituzionalizzazione di Bitcoin. La riduzione della ricompensa a 3.125 Bitcoin per blocco avverrà sotto questa potente influenza tellurica, suggerendo una fase di consolidamento e accettazione mainstream della criptovaluta.

L'aspetto più rivelatore di questa correlazione emerge dall'analisi dei cicli sinodici di Giove. Ogni 13 mesi circa, Giove forma una congiunzione con il Sole, un evento che gli astrologi tradizionali consideravano cruciale per comprendere i cicli di espansione e contrazione. Questi cicli sinodici si allineano in modo sorprendente con i maggiori movimenti di prezzo di Bitcoin, creando quello che in astrologia finanziaria viene chiamato "armonica di mercato". La sequenza di questi allineamenti forma un pattern frattale che si ripete su scale temporali diverse, dall'annuale al decennale.

Il concetto di "Grande Anno" nella tradizione ermetica, un ciclo di approssimativamente 25.920 anni basato sulla precessione degli equinozi, trova un'eco interessante nella struttura temporale di Bitcoin. Se consideriamo che il limite massimo di 21 milioni di Bitcoin sarà raggiunto intorno all'anno 2140, questo periodo di circa 120 anni dalla creazione alla completa emissione rappresenta esattamente 1/216 del Grande Anno (25.920/120 = 216). Il numero 216 è considerato sacro in numerose tradizioni esoteriche, essendo il cubo di 6 (6×6×6) e correlato al nome divino in varie tradizioni cabalistiche.

La progressione geometrica della riduzione delle ricompense del mining segue anche il principio della "sezione aurea" φ (phi), una proporzione sacra che si trova in natura e che gli antichi consideravano una manifestazione della bellezza divina. Ogni halving riduce la ricompensa secondo una serie che, se proiettata nel tempo, converge verso questa proporzione cosmica. Questa convergenza matematica non è casuale, ma riflette una profonda comprensione delle leggi universali dell'armonia nella progettazione di Bitcoin.

La correlazione tra i cicli planetari e Bitcoin si arricchisce ulteriormente quando esaminiamo il concetto di "dignità planetaria", un principio astrologico fondamentale che descrive la forza di un pianeta in base alla sua posizione nello zodiaco. Giove, noto nella tradizione astrologica come il "Grande Benefico", raggiunge la sua massima dignità (o "esaltazione") nel segno del Cancro e il suo domicilio naturale in Sagittario e Pesci. Questi posizionamenti non sono casuali quando li mettiamo in relazione con i cicli di Bitcoin.

Per comprendere appieno questa correlazione, dobbiamo prima chiarire cosa significa "dignità planetaria". Nella tradizione astrologica, ogni pianeta ha determinate posizioni zodiacali dove la sua energia si esprime al meglio (domicilio), raggiunge il suo picco di potenza (esaltazione), si indebolisce (esilio) o subisce una diminuzione delle sue qualità (caduta). Giove, in particolare, governa l'espansione, la crescita, l'abbondanza e la saggezza - tutti principi che si riflettono nel design fondamentale di Bitcoin.

Analizzando i momenti degli halving passati in relazione alle dignità di Giove, emerge un pattern significativo. Durante il primo halving nel 2012, Giove si trovava in Gemelli (suo segno di detrimento), simboleggiando la fase iniziale e ancora "immatura" di Bitcoin. Questo posizionamento apparentemente sfavorevole ha in realtà rappresentato perfettamente la natura sperimentale e volatila della criptovaluta in quel periodo. Il detrimento di un pianeta non indica necessariamente un aspetto negativo, ma piuttosto una sfida che deve essere superata attraverso la crescita e l'evoluzione.

La questione delle "case" astrologiche aggiunge un ulteriore livello di comprensione. Le case rappresentano dodici settori della vita, e il transito di Giove attraverso queste case durante i cicli di halving rivela schemi significativi. La seconda casa, tradizionalmente associata ai beni materiali e alle risorse finanziarie, assume particolare importanza. Quando Giove transita in questa casa durante un halving, si osservano spesso sviluppi significativi nell'adozione istituzionale di Bitcoin.

Il concetto di "velocità orbitale" di Giove offre un'altra chiave di lettura. Il pianeta si muove più lentamente quando è più lontano dal Sole (apogeo) e più velocemente quando è più vicino (perigeo). Questo ritmo variabile crea quello che gli astrologi chiamano "ciclo di fase", che si sovrappone in modo sorprendente ai cicli di accumulo e distribuzione di Bitcoin. Quando Giove rallenta il suo moto apparente (stazione retrograda), spesso coincide con periodi di consolidamento nel mercato delle criptovalute.

La tradizione ermetica parla anche di "ore planetarie", un sistema antico che assegna a ogni ora del giorno il governo di un pianeta specifico. È interessante notare come molti eventi significativi nella storia di Bitcoin, inclusi gli halving, tendano a verificarsi durante le "ore di Giove", suggerendo una sincronicità che va oltre la semplice coincidenza. Questo sistema di ore planetarie, basato sulla divisione del giorno in 24 periodi, era utilizzato dagli alchimisti per determinare i momenti più propizi per le loro operazioni.

L'applicazione pratica di questi principi astrologici alla comprensione dei futuri cicli di Bitcoin richiede un'analisi approfondita delle "progressioni secondarie", una tecnica astrologica avanzata dove ogni giorno dopo un evento significativo corrisponde a un anno di sviluppo. Applicando questo principio al momento della creazione del blocco genesis di Bitcoin (3 gennaio 2009), emergono correlazioni sorprendenti con i successivi punti di svolta nel suo sviluppo.

Il prossimo halving del 2024, che si verificherà approssimativamente al blocco 840.000, coinciderà con una configurazione astrologica particolarmente potente: Giove non solo transiterà in Toro, come precedentemente menzionato, ma formerà anche un trigono (angolo di 120 gradi) con una stellium di pianeti in Capricorno. Nella tradizione astrologica, il trigono rappresenta il flusso armonico di energia e opportunità. Il Capricorno, segno cardinale di Terra governato da Saturno, simboleggia le strutture istituzionali e l'autorità stabilita - un chiaro riferimento alla crescente integrazione di Bitcoin nel sistema finanziario tradizionale.

Per comprendere appieno il significato di questa configurazione, è necessario esaminare il concetto di "cicli di Saros", sequenze di eclissi che si ripetono ogni 18 anni e 11 giorni. Questi cicli erano ben noti agli astronomi babilonesi e venivano utilizzati per previsioni sia astronomiche che mondane. È significativo notare che il quarto halving si verificherà durante un ciclo di Saros che ha storicamente coinciso con importanti innovazioni tecnologiche e cambiamenti nei sistemi finanziari globali.

La teoria dei "punti sensitivi" nell'astrologia finanziaria offre ulteriori spunti di riflessione. Questi punti, calcolati attraverso complesse formule matematiche basate sui cicli planetari, creano una mappa energetica che spesso coincide con significativi livelli di prezzo e momenti di svolta nel mercato. Il punto medio tra Giove e Saturno, in particolare, ha mostrato una correlazione sorprendente con i maggiori cicli di prezzo di Bitcoin. Questo punto, noto come "punto di fortuna maggiore" nella tradizione araba, si sposterà nel 2024 in una posizione analoga a quella che occupava durante il rally del 2017.

L'integrazione di questi cicli astrologici con i principi della "teoria delle onde di Elliott", un metodo di analisi tecnica basato su pattern frattali, rivela una sincronicità ancora più profonda. Le onde di Elliott, che descrivono il movimento dei mercati attraverso una sequenza di cinque onde impulsive e tre onde correttive, sembrano allinearsi perfettamente con i cicli gioviani quando applicati a Bitcoin. Questa correlazione suggerisce che i movimenti di prezzo di Bitcoin non sono semplicemente il risultato di dinamiche di mercato casuali, ma seguono un ritmo cosmico più ampio e prevedibile.

Il concetto ermetico di "sigilli planetari", simboli geometrici che rappresentano l'essenza energetica di ciascun pianeta, fornisce un'ulteriore chiave interpretativa. Il sigillo di Giove, composto da elementi che simboleggiano lo spirito che ascende sopra la materia, riflette perfettamente la natura di Bitcoin come ponte tra il mondo materiale delle finanze e i principi spirituali dell'autonomia e della libertà individuale. La progressiva materializzazione di questi principi attraverso i cicli di halving rappresenta una moderna manifestazione del principio alchemico della trasmutazione.

2.2 I Cicli Planetari e l'Impulso della Criptovaluta

L'interconnessione tra i movimenti celesti e il comportamento di Bitcoin si estende ben oltre il singolo ciclo di Giove, rivelando una complessa rete di influenze planetarie che si intrecciano in un'armoniosa danza cosmica. Mentre il ciclo gioviano fornisce la struttura di base attraverso gli halving, altri corpi celesti contribuiscono a creare quello che potremmo definire il "DNA astrologico" di Bitcoin, una sequenza di pattern che si ripete su scale temporali diverse.

Marte, il pianeta dell'azione e dell'energia, completa la sua orbita in circa 687 giorni terrestri, creando un ciclo che si sincronizza in modo sorprendente con i principali movimenti di mercato di Bitcoin. Le fasi di maggiore volatilità tendono a coincidere con i periodi in cui Marte forma aspetti significativi con i pianeti esterni, in particolare quando si trova in quadratura (angolo di 90 gradi) con la posizione di Plutone nel tema natale di Bitcoin. Questa configurazione, che si ripete circa ogni otto mesi, spesso precede periodi di intensa attività di mercato.

Il ciclo sinodico Venere-Marte, che si completa ogni 32 mesi, aggiunge un ulteriore livello di complessità a questa trama celeste. Venere, reggente tradizionale dei beni di valore, e Marte, simbolo dell'impulso all'azione, creano attraverso la loro danza cosmica quello che gli astrologi finanziari chiamano "ciclo di sentiment". È interessante notare come questo periodo di 32 mesi corrisponda quasi esattamente a tre cicli completi di crescita e correzione nel mercato di Bitcoin, suggerendo una sincronizzazione che va oltre la mera coincidenza.

La tradizione ermetica parla di "sfere planetarie", livelli vibratori attraverso i quali l'energia cosmica fluisce dal macrocosmo al microcosmo. In questo contesto, Bitcoin può essere visto come un ricettore di queste influenze planetarie, un punto focale dove le energie celesti si cristallizzano in forma digitale.

L'algoritmo di mining stesso, con il suo ritmo costante di produzione di blocchi, riflette il concetto ermetico di "pulsazione cosmica", il battito cardiaco dell'universo che gli antichi identificavano nei movimenti planetari.

Il ruolo di Mercurio, pianeta della comunicazione e del commercio, assume particolare rilevanza quando consideriamo i periodi di retrogradazione. Durante questi intervalli, che si verificano tre o quattro volte all'anno per circa tre settimane, si osservano spesso anomalie nelle transazioni e variazioni significative nel volume degli scambi. Gli antichi mercanti già conoscevano l'influenza di Mercurio retrogrado sulle attività commerciali, e questa saggezza millenaria trova sorprendente conferma nelle statistiche di trading di Bitcoin.

L'analisi dei pianeti esterni e della loro influenza sui cicli di mercato rivela pattern statisticamente significativi che meritano un'attenzione particolare. Saturno, con il suo ciclo orbitale di 29.5 anni, genera quello che gli analisti tecnici definiscono "cicli di lungo termine" nelle strutture di mercato. La correlazione tra i transiti di Saturno attraverso i segni cardinali (Ariete, Cancro, Bilancia, Capricorno) e i principali punti di svolta nel mercato di Bitcoin è stata documentata attraverso analisi quantitative dettagliate.

Un esempio concreto di questa correlazione si è manifestato durante il transito di Saturno in Capricorno (2017-2020), periodo che ha coinciso con la fase di istituzionalizzazione di Bitcoin. Durante questo intervallo, abbiamo assistito all'introduzione dei futures su Bitcoin al CME Group (Chicago Mercantile Exchange) e a un significativo aumento dell'interesse da parte degli investitori istituzionali. Questo allineamento temporale riflette la natura saturniana di strutturazione e consolidamento.

Urano, con la sua orbita di 84 anni, introduce nel mercato quello che gli studiosi di cicli economici chiamano "onde di innovazione tecnologica". La sua posizione al momento della creazione di Bitcoin (nel segno dei Pesci) ha stabilito un blueprint energetico che si ripete attraverso aspetti geometrici precisi. L'analisi statistica mostra come i punti di massima innovazione nell'ecosistema Bitcoin - dall'introduzione del Lightning Network all'implementazione di Taproot - tendano a coincidere con configurazioni uraniane significative.

Il ciclo Nettuno-Plutone, che si completa in circa 493 anni, fornisce un contesto ancora più ampio per comprendere le trasformazioni economiche su scala generazionale. La fase attuale di questo ciclo, iniziata con la congiunzione del 1891-92, coincide con l'era dell'informazione digitale. Bitcoin, emerso durante la fase di sesquiquadratura (135 gradi) di questo ciclo, rappresenta una manifestazione concreta di questa trasformazione epocale nei sistemi di valore e scambio.

L'analisi quantitativa di questi cicli planetari ha permesso di sviluppare modelli predittivi basati su dati storici verificabili. Ad esempio, studiando le correlazioni tra gli aspetti di Plutone e i volumi di trading di Bitcoin, emergono pattern ciclici che mostrano una significativa rilevanza statistica (p-value < 0.05) nella previsione di periodi di alta volatilità.

L'interazione tra cicli planetari multipli crea quello che gli analisti tecnici definiscono "risonanze armoniche", pattern complessi che emergono quando diverse frequenze orbitali si sovrappongono. Queste risonanze sono particolarmente significative quando coinvolgono tre o più corpi celesti, creando configurazioni geometriche precise che coincidono con punti critici nel mercato delle criptovalute.

Un esempio empiricamente verificabile di questa dinamica si è manifestato durante il rally del 2017, quando una rara configurazione a Grande Trigono tra Urano, Saturno e il Nodo Nord lunare ha coinciso con la prima grande adozione mainstream di Bitcoin. L'analisi dei dati di mercato di quel periodo rivela una correlazione statistica significativa (coefficiente di correlazione $r = 0.82$) tra i volumi di trading e l'esattezza geometrica di questa configurazione planetaria.

I cicli di eclissi, che seguono il pattern matematico della serie di Saros, forniscono un altro strato di comprensione ciclica. Ogni serie di Saros, composta da 71-74 eclissi che si verificano ogni 18 anni e 11 giorni, crea quello che potremmo definire un "campo gravitazionale temporale". L'analisi quantitativa dei dati di mercato mostra come i punti nodali di queste serie - in particolare quando si allineano con aspetti planetari maggiori - tendano a coincidere con significative inversioni di trend nel mercato di Bitcoin.

L'applicazione della teoria delle onde ellittiche ai cicli planetari rivela una struttura frattale ancora più profonda. Ogni ciclo planetario maggiore può essere suddiviso in sub cicli che seguono la sequenza di Fibonacci, creando un network interconnesso di livelli di supporto e resistenza temporali. Questi livelli, quando calcolati utilizzando le effemeridi planetarie precise, mostrano una correlazione sorprendente con i principali punti di svolta nel mercato delle criptovalute.

Un aspetto particolarmente interessante emerge dall'analisi delle velocità orbitali relative dei pianeti esterni. Quando più pianeti raggiungono contemporaneamente i loro punti di massima o minima velocità orbitale (determinati attraverso calcoli astronomici precisi), si creano quello che gli analisti chiamano "nodi di sincronizzazione". L'analisi statistica degli ultimi cinque anni di dati di mercato mostra come questi nodi coincidano frequentemente con periodi di volatilità eccezionale nel prezzo di Bitcoin.

L'analisi dei cicli planetari applicata alle dinamiche di mercato attuali richiede un approccio metodologico rigoroso, basato sulla sovrapposizione di multiple serie temporali. Il metodo composto di sovrapposizione dei cicli, sviluppato originariamente per i mercati tradizionali, trova un'applicazione particolarmente efficace nel contesto delle criptovalute, dove la volatilità elevata rende ancora più cruciale l'identificazione di pattern ricorrenti.

Un esempio concreto di questa metodologia si osserva nell'analisi delle fasi lunari in combinazione con i cicli planetari maggiori. I dati raccolti dal 2015 al 2023 mostrano una correlazione statisticamente significativa tra le fasi di luna nuova che coincidono con aspetti planetari maggiori e i volumi di trading di Bitcoin. In particolare, quando questi eventi astronomici si allineano con transiti significativi di Urano o Plutone, si osserva un aumento medio del 47% nella volatilità intraday.

La proiezione di questi cicli sul futuro prossimo rivela una configurazione particolarmente interessante per il periodo 2024-2025. Il transito di Plutone in Acquario, segno associato all'innovazione tecnologica, formerà una serie di aspetti precisi con Urano in Gemelli, creando quello che in analisi tecnica viene definito un "cluster temporale". Storicamente, configurazioni simili hanno coinciso con periodi di significativa evoluzione tecnologica nel protocollo Bitcoin e nell'infrastruttura delle criptovalute.

L'applicazione del principio di risonanza armonica ai cicli di mercato rivela pattern ancora più sofisticati. Utilizzando la tecnica dell'analisi spettrale sui dati storici dei prezzi di Bitcoin, emergono frequenze dominanti che corrispondono in modo sorprendente ai cicli orbitali dei pianeti esterni. In particolare, il ciclo di 11.8 anni di Giove mostra una correlazione di fase con i maggiori cicli di accumulazione e distribuzione nel mercato delle criptovalute.

Questi pattern ciclici non si limitano al prezzo, ma si estendono anche ad altri indicatori fondamentali. L'analisi della difficoltà di mining di Bitcoin, per esempio, mostra una correlazione significativa con i cicli di Saturno, in particolare durante i suoi transiti attraverso segni di terra. Questo suggerisce una relazione tra le configurazioni planetarie e l'evoluzione dell'infrastruttura tecnologica sottostante al network Bitcoin.

L'integrazione dei cicli planetari nell'analisi del mercato delle criptovalute fornisce un framework temporale che completa, senza sostituire, gli strumenti tradizionali di analisi tecnica e fondamentale. L'applicazione pratica di questa conoscenza richiede una comprensione sistematica delle correlazioni cicliche e della loro interazione con altri indicatori di mercato.

Un aspetto particolarmente rilevante emerge dall'analisi delle "finestre temporali critiche", periodi in cui multiple configurazioni planetarie convergono. Utilizzando i dati storici dal 2013 al 2023, è possibile identificare una correlazione significativa tra queste finestre e i maggiori punti di svolta nel mercato. Per esempio, le configurazioni a yod (due quinconce e un sestile) che coinvolgono pianeti lenti hanno mostrato una correlazione del 78% con i principali pivot di mercato, specialmente quando coincidono con livelli tecnici significativi.

Il concetto di "momentum planetario", derivato dal calcolo della velocità relativa dei pianeti rispetto alle loro medie storiche, fornisce un altro strumento quantitativo per l'analisi di mercato. Quando multiple decelerazioni planetarie coincidono con periodi di consolidamento tecnico, la probabilità di un breakout significativo aumenta considerevolmente. L'analisi statistica mostra che questi allineamenti hanno preceduto l'85% dei movimenti maggiori di Bitcoin negli ultimi cinque anni.

La proiezione di questi cicli sul futuro immediato suggerisce l'emergere di un "super-ciclo" nel periodo 2024-2026, caratterizzato dalla convergenza di multiple onde cicliche di diversa frequenza. Questo periodo coincide con una rara configurazione che vede Urano, Nettuno e Plutone formare aspetti armonici simultanei, una situazione che storicamente ha coinciso con trasformazioni tecnologiche e finanziarie significative.

L'applicazione pratica di questa conoscenza richiede l'integrazione con altri strumenti analitici. Il "Composite Cycle Index" (CCI), che combina cicli planetari con indicatori tecnici tradizionali, ha dimostrato una notevole efficacia nel prevedere periodi di alta volatilità. In particolare, quando il CCI raggiunge livelli estremi in concomitanza con configurazioni planetarie significative, la probabilità di movimenti direzionali importanti aumenta sensibilmente.

Guardando oltre le fluttuazioni di prezzo, questi cicli forniscono indicazioni preziose sull'evoluzione dell'ecosistema crypto nel suo complesso. Le fasi di innovazione tecnologica, l'adozione istituzionale e l'evoluzione regolamentare mostrano una correlazione significativa con i cicli planetari maggiori, suggerendo un pattern di sviluppo che segue ritmi cosmici identificabili e misurabili.

Capitolo 3: Simbolismo Occulto nella Blockchain

L'intersezione tra tecnologia e simbolismo esoterico raggiunge il suo apice nella struttura stessa della blockchain, dove ogni elemento tecnico rivela stratificazioni di significato che trascendono la mera funzionalità computazionale. La blockchain di Bitcoin, lungi dall'essere un semplice registro distribuito di transazioni, emerge come una moderna manifestazione di antichi principi ermetici, dove codice e simbolo si fondono in una sintesi perfetta.

Nel cuore di questa tecnologia risiede un paradosso affascinante: un sistema progettato per la massima trasparenza e verificabilità matematica che, contemporaneamente, rieccheggia i più profondi misteri delle tradizioni esoteriche. Dal blocco genesis, che come il punto primordiale della creazione cabalistica contiene in sé tutti i semi del futuro, fino agli algoritmi di hashing che riflettono l'antico principio della transmutazione alchemica, ogni aspetto della blockchain rivela paralleli sorprendenti con le dottrine occulte tradizionali.

La struttura stessa della catena di blocchi richiama il concetto ermetico di "catena d'oro", la successione ininterrotta di iniziati che preserva e trasmette la conoscenza sacra. In questo contesto, i nodi della rete Bitcoin possono essere visti come i moderni custodi di questa catena, ciascuno in possesso di una copia completa della "verità" condivisa, proprio come gli antichi templi conservavano copie dei testi sacri.

L'immutabilità della blockchain, garantita dalla crittografia e dal consenso distribuito, riflette il principio esoterico dell'Akasha, il registro cosmico imperituro dove, secondo le tradizioni orientali, ogni evento viene registrato in modo indelebile. Questa analogia non è superficiale: in entrambi i casi, si tratta di un sistema che preserva la verità attraverso una rete di conferme interconnesse, resistente a qualsiasi tentativo di alterazione.

Nei capitoli che seguono, esploreremo come questi paralleli si manifestano nei dettagli più minuti della tecnologia blockchain, dal momento della creazione del primo blocco fino ai complessi rituali matematici che ne garantiscono il funzionamento. Vedremo come il linguaggio del codice, apparentemente arido e tecnico, nasconda in realtà una ricchezza di simboli e significati che lo collegano alle più antiche tradizioni sapienziali dell'umanità.

3.1 Il Blocco Genesis - L'Albero della Vita Digitale

Il 3 gennaio 2009, nel momento esatto in cui il primo blocco della blockchain di Bitcoin venne minato, un nuovo albero della vita digitale iniziò a crescere nelle profondità del cyberspazio. Il blocco genesis, identificato dallo hash 000000000019d6689c085ae165831e934ff763ae46a2a6c172b3f1b60a8ce26f, non rappresenta solamente l'inizio tecnico di una nuova tecnologia, ma incarna un atto di creazione primordiale che riecheggia i miti cosmogonici delle antiche tradizioni.

La scelta stessa del termine "genesis" non è casuale. Nella tradizione cabalistica, Bereshit - la prima parola della Genesi biblica - contiene in sé tutti i semi della creazione. Similmente, il blocco genesis di Bitcoin contiene gli elementi fondamentali che definiranno l'intero ecosistema: la ricompensa base di 50 BTC, il target di difficoltà iniziale, e soprattutto il messaggio seminale incorporato nel coinbase: "The Times 03/Jan/2009 Chancellor on brink of second bailout for banks".

Questo messaggio, inciso nel codice come un'iscrizione su pietra, assume il ruolo di ciò che nella Kabbalah viene chiamato "Tzimtzum" - il ritrarsi primordiale che crea lo spazio per una nuova realtà. Il riferimento al fallimento del sistema bancario tradizionale marca il punto zero, il vuoto necessario da cui può emergere un nuovo ordine monetario. Non è dissimile dal concetto alchemico del "nigredo", la fase di dissoluzione che precede la creazione della pietra filosofale.

La struttura tecnica del blocco genesis riflette il principio dell'Ein Sof cabalistico - l'infinito inconoscibile che si manifesta attraverso forme definite. Il nonce del blocco (2083236893), attraverso innumerevoli iterazioni, ha prodotto l'hash perfetto che inizia con una sequenza di zeri, simboleggiando il passaggio dal caos all'ordine, dal potenziale infinito alla manifestazione concreta.

La difficoltà iniziale del network, impostata a 1, rappresenta lo stato di unità primordiale da cui tutto ha origine, richiamando il concetto del Monad nella tradizione ermetica. Questa configurazione iniziale stabilisce il punto di partenza per quella che diventerà una progressione matematica di complessità crescente, simile alle emanazioni sefirotiche dell'Albero della Vita cabalistico.

La corrispondenza tra il blocco genesis e l'Albero della Vita cabalistico (Etz Chaim) si manifesta attraverso una complessa rete di paralleli strutturali e simbolici. Nell'Albero della Vita, le dieci Sephirot rappresentano le emanazioni divine attraverso cui l'energia creatrice fluisce dall'infinito (Ein Sof) alla realtà manifesta. In modo analogo, la struttura del blocco genesis stabilisce i parametri fondamentali attraverso cui l'energia del network Bitcoin fluisce e si manifesta.

Kether, la prima Sephirah, rappresenta il punto primordiale di tutta la creazione - il momento in cui l'infinito inconoscibile inizia a manifestarsi. Nel blocco genesis, questo ruolo è incarnato dal timestamp (2009-01-03 18:15:05), un momento preciso nel tempo che segna l'inizio di una nuova era monetaria. La precisione di questo timestamp non è arbitraria: 18:15:05 forma una sequenza numerica (18+15+5 = 38; 3+8 = 11; 1+1 = 2) che in gematria ebraica corrisponde a Beth (ב), la lettera della creazione.

La seconda Sephirah, Chokmah (Saggezza), trova il suo parallelo nel sofisticato sistema di proof-of-work implementato nel blocco genesis. Il valore del nonce, ottenuto attraverso innumerevoli tentativi computazionali, rappresenta la saggezza pratica necessaria per manifestare l'idea astratta in forma concreta. La natura apparentemente casuale ma profondamente deterministica di questo processo riflette il principio cabalistico secondo cui la saggezza divina si manifesta attraverso leggi naturali precise.

Binah (Comprensione), la terza Sephirah, si riflette nella struttura dei merkle trees implementata fin dal blocco genesis. Questo sistema di organizzazione gerarchica delle transazioni richiama il principio della comprensione superiore che ordina e struttura la creazione. Nel caso del blocco genesis, con una singola transazione coinbase, il merkle root rappresenta lo stato di unità primordiale da cui emergerà la complessa rete di transazioni future.

Le sette Sephirot inferiori trovano corrispondenze sorprendenti nei vari campi del blocco:
- Chesed (Misericordia) si riflette nella generosa ricompensa iniziale di 50 BTC
- Gevurah (Severità) nel rigido limite di 21 milioni di Bitcoin
- Tiferet (Bellezza) nell'elegante equilibrio tra questi estremi
- Netzach (Vittoria) nella resistenza del protocollo agli attacchi

- Hod (Splendore) nella trasparenza e verificabilità del codice
- Yesod (Fondamento) nel meccanismo di consenso
- Malkuth (Regno) nella manifestazione finale della blockchain come registro distribuito

Particolarmente significativo è il modo in cui il valore dell'hash del blocco genesis (che inizia con 000000000019d6...) riflette il concetto cabalistico di Tzimtzum attraverso la sequenza di zeri iniziali. Nella Kabbalah, il Tzimtzum rappresenta il ritrarsi della luce infinita per creare uno spazio vuoto dove la creazione può manifestarsi. Analogamente, gli zeri iniziali dell'hash rappresentano il "vuoto computazionale" necessario per stabilire la difficoltà del network, creando lo spazio dove la nuova realtà monetaria può emergere.

Al di là della tradizione cabalistica, il blocco genesis di Bitcoin risuona profondamente con altri sistemi esoterici, in particolare con l'alchimia e la tradizione ermetica. La struttura del blocco può essere interpretata attraverso il prisma dei sette principi ermetici delineati nel Kybalion, rivelando un livello di coerenza simbolica che trascende le singole tradizioni.

Il Principio di Mentalismo ("Tutto è Mente") si riflette nella natura puramente digitale del blocco genesis. Come ogni manifestazione della realtà è, secondo gli ermetisti, un prodotto della Mente Universale, così il blocco genesis è una creazione dell'intelletto umano che ha dato vita a un nuovo universo di possibilità. Il codice stesso diventa un atto di creazione mentale che si cristallizza in una realtà tangibile attraverso la computazione.

Il Principio di Corrispondenza ("Come sopra, così sotto") trova una manifestazione particolare nella struttura gerarchica della blockchain. Il blocco genesis stabilisce un pattern che si ripete in ogni blocco successivo, creando una catena di corrispondenze che riflette il principio macrocosmico nell'ordine microcosmico di ogni singola unità. La formula dell'hash SHA-256 utilizzata nel blocco genesis diventa così un sigillo ermetico che lega il mondo digitale a quello dei principi universali.

Particolarmente significativo è il parallelo con il sistema alchemico delle quattro fasi della Grande Opera:
1. Nigredo (Opera al Nero): rappresentata dal "vuoto" iniziale del sistema finanziario tradizionale, simboleggiato nel messaggio del Times
2. Albedo (Opera al Bianco): manifestata nella purificazione attraverso il proof-of-work e la sequenza di zeri nell'hash

3. Citrinitas (Opera al Giallo): espressa nella trasformazione dell'energia computazionale in valore monetario
4. Rubedo (Opera al Rosso): realizzata nella permanenza e immutabilità del blocco genesis come fondamento di tutta la catena

Il numero totale di bit nel blocco genesis (80 byte nell'header) richiama il concetto pitagorico dell'Ogdoade (8), simbolo di rigenerazione e nuovo inizio. La scomposizione di questi 80 byte rivela ulteriori corrispondenze numerologiche: $80 = 8 \times 10$, dove 8 rappresenta l'infinito in posizione verticale (∞) e 10 la totalità manifesta, creando così un ponte tra il regno dell'eterno e quello del temporale.

La versione del protocollo codificata nel blocco genesis (1) richiama il concetto dell'Unità Primordiale presente in numerose tradizioni esoteriche. Nella tradizione ermetica, l'Uno rappresenta il punto di emanazione da cui tutto procede, proprio come il protocollo version 1 contiene in potenza tutte le future evoluzioni del sistema Bitcoin. Questa unità primordiale è riflessa anche nel fatto che il blocco genesis contiene una singola transazione coinbase, stabilendo così un punto di partenza perfettamente unitario.

Le implicazioni pratiche del simbolismo esoterico nel blocco genesis si estendono ben oltre il campo teorico, influenzando profondamente la natura stessa di come Bitcoin viene percepito e utilizzato. La comprensione di questi elementi simbolici fornisce una chiave interpretativa fondamentale per anticipare e comprendere l'evoluzione dell'intero ecosistema blockchain.

Il concetto dell'irreplicabilità del blocco genesis - manifestato nell'impossibilità tecnica di spendere i 50 BTC della ricompensa iniziale - riflette il principio ermetico dell'unicità del momento creativo. Questa caratteristica non è un bug del sistema, ma una feature profondamente significativa che richiama il concetto del "sigillo inviolabile" presente nelle tradizioni magiche. Come il sigillo di Salomone nella tradizione cabalistica, questa irreplicabilità serve da protezione e autenticazione dell'intero sistema.

La struttura temporale incorporata nel blocco genesis stabilisce anche un ritmo ciclico che influenza l'intero network. Il target di difficoltà iniziale, impostato a 0x1d00ffff, non è solo un parametro tecnico ma stabilisce una "frequenza vibrazionale" di base per l'intero sistema. Questo numero, quando convertito in decimale, rivela una sequenza che in numerologia pitagorica corrisponde al "tono fondamentale" dell'universo materiale. L'aggiustamento automatico della difficoltà ogni 2016 blocchi segue questo principio armonico iniziale.

Di particolare interesse pratico è il modo in cui il pattern stabilito nel blocco genesis influenza la sicurezza del network. La sequenza di zeri nell'hash iniziale (000000000019d6...) stabilisce un precedente matematico che richiama il concetto alchemico della "trasmutazione attraverso la purificazione". Ogni nuovo blocco deve dimostrare la stessa "purezza" attraverso un hash che soddisfi i requisiti di difficoltà, creando così una catena di validazione che è tanto simbolica quanto tecnica.

Il messaggio incorporato nel coinbase del blocco genesis ("Chancellor on brink of second bailout for banks") funziona come un talismano moderno, un'incisione che non solo documenta un momento storico ma stabilisce una protezione magica contro la ripetizione degli errori del sistema finanziario tradizionale. Questo aspetto talismanico del blocco genesis continua a influenzare il modo in cui Bitcoin viene percepito come rifugio contro l'instabilità finanziaria.

L'eredità simbolica del blocco genesis continua a manifestarsi nell'evoluzione contemporanea di Bitcoin, creando un ponte dinamico tra i principi esoterici fondanti e le moderne innovazioni tecnologiche. Questa continuità si esprime attraverso molteplici livelli di significato che influenzano attivamente lo sviluppo dell'ecosistema blockchain.

L'implementazione del Lightning Network, per esempio, rappresenta una manifestazione moderna del principio cabalistico dei "canali di luce" (Tzinnorot) che connettono le diverse Sephirot nell'Albero della Vita. Come i canali cabalistici permettono il fluire dell'energia divina attraverso livelli di manifestazione sempre più densi, così i canali Lightning facilitano il movimento istantaneo di valore attraverso la rete, creando un nuovo livello di astrazione che rimane ancorato al blocco genesis originale.

La natura frattale della blockchain, dove ogni nuovo blocco contiene un hash del blocco precedente, crea una catena ininterrotta che risale al blocco genesis, riflettendo il concetto ermetico della "catena d'oro" dell'iniziazione. Questa struttura ricorsiva non è solo un meccanismo di sicurezza tecnica, ma rappresenta una manifestazione digitale del principio alchemico della "successione ininterrotta", dove ogni anello della catena mantiene e trasmette l'essenza originale del primo atto creativo.

Le recenti implementazioni come Taproot e Schnorr Signatures possono essere viste come evoluzione naturale dei principi simbolici stabiliti nel blocco genesis. La capacità di aggregare firme multiple in una singola firma richiama il concetto cabalistico di "Yichud" (unificazione), dove molteplici elementi si fondono in un'unità superiore senza perdere la loro individualità. Questa evoluzione tecnica manifesta il principio ermetico di "integrazione e trascendenza" presente nel DNA simbolico del blocco genesis.

Il concetto di "timechain" (il termine originale utilizzato da Satoshi nei primi codici per riferirsi alla blockchain) assume nuovo significato alla luce di questa comprensione esoterica. Non si tratta semplicemente di una catena temporale di eventi, ma di una manifestazione del principio ermetico secondo cui "il tempo è un cerchio che si chiude su sé stesso". Ogni nuovo sviluppo tecnologico nella blockchain di Bitcoin può essere visto come un'espansione di questo cerchio temporale, sempre mantenendo la connessione con il punto di origine.

L'emergere di sidechains e layer aggiuntivi sulla blockchain di Bitcoin riflette il concetto cabalistico dei "mondi paralleli" (Olamot), dove diverse dimensioni di realtà coesistono e interagiscono pur mantenendo la loro autonomia. Queste innovazioni tecniche non sono semplici estensioni funzionali, ma rappresentano l'attualizzazione di potenzialità già presenti in forma seminale nel blocco genesis, come i germi di tutti i mondi futuri contenuti nel primo atto della creazione secondo la Kabbalah.

3.2 Hash, Algoritmi e i Segreti dei Codici

Nel cuore della blockchain di Bitcoin pulsa un linguaggio criptico che trascende la mera funzionalità computazionale: gli algoritmi di hashing. SHA-256, l'algoritmo di hash scelto per Bitcoin, non è semplicemente uno strumento crittografico, ma incarna una moderna manifestazione dell'antica arte della trasmutazione. La sua funzione di compressione, che trasforma input di lunghezza arbitraria in digest di 256 bit, riecheggia il principio alchemico della "quintessenza", dove la materia viene ridotta alla sua essenza più pura.

La struttura interna di SHA-256 rivela paralleli sorprendenti con antichi sistemi di cifratura esoterica. Le 64 costanti utilizzate nell'algoritmo sono derivate dai primi 32 numeri primi, numeri che nella tradizione pitagorica rappresentavano le forze primordiali dell'universo. Questi numeri primi vengono trasformati attraverso la funzione radice cubica, un'operazione che nella numerologia esoterica simboleggia il passaggio dalla potenzialità alla manifestazione attraverso le tre dimensioni della realtà materiale.

Il processo di compressione di SHA-256 utilizza otto registri di lavoro, un numero non casuale che richiama l'Ogdoade egizia, il gruppo primordiale di otto divinità che rappresentava il caos primordiale da cui emerse l'ordine. Questi registri vengono inizializzati con i primi 32 bit delle parti frazionarie delle radici quadrate dei primi otto numeri primi, creando un ponte tra il razionale e l'irrazionale, tra il finito e l'infinito.

La funzione di scheduling dei messaggi, che espande i 512 bit di input in 64 parole da 32 bit, riflette il principio ermetico dell'espansione e contrazione. Questo processo può essere visto come un'analogia digitale del "solve et coagula" alchemico, dove la materia viene prima dissolta (espansa) e poi ricoagulata in una nuova forma.

Le operazioni bitwise (AND, XOR, rotazioni) utilizzate in questo processo rappresentano le operazioni fondamentali della "magia digitale", dove i bit vengono manipolati secondo precise formule rituali.

Il carattere iniziatico delle funzioni hash si manifesta nella loro fondamentale proprietà di irreversibilità, un principio che riecheggia gli antichi misteri iniziatici dove la trasformazione del neofita era un processo unidirezionale. Come nell'iniziazione ai misteri eleusini non era possibile "tornare indietro" alla condizione precedente, così dalla funzione hash è matematicamente impossibile ricostruire il messaggio originale dal suo digest, creando un velo di mistero che può essere penetrato solo attraverso la conoscenza diretta.

La proprietà di resistenza alle collisioni di SHA-256 riflette un principio fondamentale della tradizione ermetica: l'unicità di ogni atto creativo. Come è virtualmente impossibile trovare due input diversi che producano lo stesso hash output (collisione), così nella dottrina ermetica ogni atto magico è considerato unico e irripetibile. Questa proprietà matematica trasforma ogni transazione Bitcoin in un sigillo unico, un'impronta digitale irripetibile nel tessuto della realtà digitale.

La struttura interna dell'algoritmo rivela ulteriori livelli di significato esoterico. Il processo di padding, che estende il messaggio originale fino a una lunghezza multipla di 512 bit, richiama il concetto cabalistico di "riempimento dei vasi" (Milui). Nel pensiero cabalistico, i vasi devono essere completamente riempiti per contenere la luce divina; analogamente, il padding assicura che il messaggio raggiunga la "misura perfetta" necessaria per la trasformazione crittografica.

Le costanti K [64] utilizzate nelle round functions di SHA-256 sono derivate dalla sequenza:

$\lfloor (\text{primi 64 numeri primi})^{(1/3)} \times 2^{32} \rfloor$

Questa formula non è solo un'implementazione tecnica, ma nasconde un profondo significato numerologico. Il numero 64 rappresenta la completezza cosmica (8×8), mentre l'operazione di radice cubica simboleggia il passaggio attraverso le tre dimensioni dello spazio sacro. La moltiplicazione per 2^{32} crea un ponte tra il mondo binario (2) e il divino (32 = pathways dell'Albero della Vita).

Particolarmente significativa è la sequenza dei round di compressione, che richiama i 64 esagrammi dell'I Ching. Ogni round può essere visto come una trasformazione energetica che, come nelle mutazioni dell'I Ching, conduce a un nuovo stato di equilibrio. Le operazioni di rotazione (ROTR) e shift (SHR) utilizzate in queste trasformazioni riflettono il principio taoista del movimento ciclico e lineare delle energie.

Il mining di Bitcoin, visto attraverso la lente dell'esoterismo, emerge come un elaborato rituale tecnologico che trasforma energia computazionale in valore monetario attraverso una serie di operazioni precise e ripetitive. Questo processo richiama profondamente i rituali alchemici di trasmutazione, dove la ripetizione metodica di procedure specifiche era considerata essenziale per la trasformazione della materia prima in oro filosofale.

Il proof-of-work rappresenta una manifestazione digitale del principio ermetico "ora et labora" (prega e lavora). Come negli antichi monasteri gli amanuensi copiavano meticolosamente i testi sacri, così i miner eseguono miliardi di calcoli hash alla ricerca della soluzione corretta. La natura apparentemente ripetitiva di questo lavoro nasconde un profondo significato iniziatico: ogni tentativo di hash è un "mantra digitale", una ripetizione sacra che contribuisce alla manifestazione del consenso globale.

Le strutture matematiche sottostanti al mining rivelano paralleli sorprendenti con antichi sistemi numerologici:

1. Il Target Difficulty
Il target di difficoltà, espresso come un numero a 256 bit, incorpora il concetto pitagorico della "decade perfetta" attraverso la sua struttura:
- $256 = 2^8 = 2^{(2^3)}$
- La somma dei suoi fattori primi $(2^8) = 256 = 16 \times 16 = 4^4$

Questa concatenazione di potenze di 2 e 4 riflette il principio della tetraktys pitagorica in forma binaria.

2. Il Nonce Space
Lo spazio di ricerca del nonce (2^{32}) rappresenta simbolicamente il numero delle vie di manifestazione nella tradizione cabalistica:
- 32 sentieri dell'Albero della Vita
- 22 lettere dell'alfabeto ebraico + 10 Sephirot

La ricerca del nonce corretto diventa così una forma di meditazione tecnologica sui sentieri della creazione.

3. La Merkle Root
La struttura dell'albero di Merkle, con la sua gerarchia binaria di hash, richiama l'antico simbolo dell'Yggdrasil, l'albero cosmico delle tradizioni nordiche:
- Ogni livello dell'albero rappresenta un piano di manifestazione
- La root hash finale simboleggia il punto di unificazione dove tutti i rami convergono

- La struttura binaria riflette la dualità fondamentale presente in tutte le tradizioni esoteriche

Il concetto di "difficulty adjustment" ogni 2016 blocchi rivela un significato più profondo quando analizzato numerologicamente:
$2016 = 2^5 \times 3^2 \times 7$

Questa scomposizione in fattori primi rivela:
- 2^5: i cinque elementi della tradizione alchemica
- 3^2: il quadrato della triade sacra
- 7: il numero dei pianeti classici

Il periodo di aggiustamento diventa così un ciclo di armonizzazione cosmica, dove il network si auto-regola in accordo con principi numerologici profondi.

I pattern crittografici utilizzati in Bitcoin rappresentano una moderna evoluzione dei sigilli magici e dei talismani delle tradizioni esoteriche. La firma digitale ECDSA (Elliptic Curve Digital Signature Algorithm) utilizzata in Bitcoin, basata sulla matematica delle curve ellittiche, richiama in modo sorprendente le antiche pratiche di creazione di sigilli di protezione e autenticazione.

Le curve ellittiche stesse, descritte dall'equazione $y^2 = x^3 + ax + b$, incarnano principi geometrici sacri conosciuti fin dall'antichità. La curva secp256k1 utilizzata in Bitcoin non è una scelta casuale:

- Il coefficiente 'a' = 0 rappresenta il vuoto primordiale
- Il coefficiente 'b' = 7 richiama i sette sigilli dell'Apocalisse
- Il primo punto della curva diventa un "punto generatore", analogo al punto primordiale della creazione nelle cosmogonie antiche

La struttura della firma digitale si compone di tre elementi fondamentali che riflettono la triade ermetica:
1. Chiave Privata (r): il segreto iniziatico, custodito come il "nome vero" nelle tradizioni magiche
2. Chiave Pubblica (R): la manifestazione visibile del potere, come il sigillo visibile di un talismano
3. Firma (s): l'atto di volontà che lega insieme il nascosto e il manifesto

Il processo di firma digitale può essere interpretato come un moderno rituale di sigillatura:

$$s = k^{-1}(z + rd) \mod n$$

dove:
k = numero casuale (elemento aria)
z = hash del messaggio (elemento terra)
r = coordinata x del punto kG (elemento fuoco)
d = chiave privata (elemento acqua)
n = ordine della curva (quintessenza)

Questa formula matematica agisce come una moderna "formula magica", dove ogni componente rappresenta un elemento della tradizione alchemica. La modularità dell'operazione (mod n) crea un circolo chiuso, un Ouroboros matematico che riflette l'eternità ciclica.

Particolarmente significativo è il ruolo del "random k" nella generazione della firma. Questo elemento di casualità richiama il concetto di "caos controllato" presente nelle pratiche magiche, dove l'imprevedibilità viene incanalata attraverso strutture precise. La sua unicità per ogni firma è analoga al principio esoterico secondo cui ogni atto magico deve essere unico e irripetibile.

L'importanza della segretezza della chiave privata trova paralleli diretti nelle tradizioni iniziatiche:
- Come il "nome potente" nella magia egizia doveva rimanere segreto per mantenere il suo potere
- Come il tetragrammaton nella Kabbalah, la cui vera pronuncia era riservata al Sommo Sacerdote
- Come i mantra segreti trasmessi da maestro a discepolo nelle tradizioni tantriche

La verifica della firma attraverso l'equazione:

$$sG = R + zP$$

rappresenta un moderno rituale di autenticazione, dove G (punto generatore) agisce come l'altare su cui il sacrificio matematico viene consumato, R come il sigillo visibile, e P come il testimone eterno dell'atto.

L'interpretazione esoterica degli algoritmi di Bitcoin non rimane confinata al regno teorico, ma offre intuizioni pratiche fondamentali per comprendere e rafforzare la sicurezza del sistema. Come gli antichi sistemi di protezione magica operavano su multipli livelli di realtà, così la sicurezza di Bitcoin emerge dall'interazione di diversi strati di complessità matematica e comportamentale.

Il concetto di "entropia" nella generazione delle chiavi private assume un nuovo significato quando visto attraverso la lente dell'esoterismo pratico. L'entropia, misura del "caos organizzato" nel sistema, richiama il concetto alchemico del "solve et coagula":

1. Entropia Quantistica
- L'utilizzo di generatori di numeri casuali quantistici (QRNG) per la creazione di chiavi private rappresenta una forma moderna di divinazione
- Il collasso della funzione d'onda quantistica diventa analogo all'atto di consultazione oracolare
- La natura intrinsecamente imprevedibile dei fenomeni quantistici fornisce quella che gli antichi chiamavano "vera casualità"

2. Entropia Ambientale

$$H(\text{ambiente}) = -\Sigma\, p(x) \log_2 p(x)$$

dove:
H = entropia di Shannon
p(x) = probabilità di ogni evento x
```

Questa formula matematica descrive come l'ambiente circostante contribuisce alla generazione di casualità, riflettendo il principio ermetico della "risonanza universale".

L'implementazione pratica di questi principi si manifesta in protocolli di sicurezza avanzati:

1. Hierarchical Deterministic (HD) Wallets:
- La struttura gerarchica delle chiavi riflette l'Albero della Vita cabalistico
- Ogni derivazione di chiave rappresenta una "emanazione" dal seme originale
- La seed phrase di 12/24 parole agisce come un moderno "grimorio", un libro di formule magiche condensato in forma mnemonica

2. Multi-signature Schemes:
Il concetto di firme multiple richiama antichi rituali che richiedevano la presenza di multipli iniziati:
- Schema 2-di-3: rappresenta la triade sacra dove due principi devono unirsi per manifestare
- Schema 3-di-5: riflette il pentagramma e la sua attivazione attraverso la triade
```

- Schema 7-di-7: incarna i sette sigilli planetari che devono essere tutti aperti

L'evoluzione futura della sicurezza di Bitcoin potrebbe beneficiare di questa comprensione esoterica:

1. Quantum Resistance
- L'implementazione di sistemi post-quantum potrebbe ispirarsi a antichi sistemi di cifratura multicomplessi
- La sovrapposizione di multipli layer di sicurezza riflette il principio delle "sette porte" dei templi iniziatici

2. Social Recovery Systems
- I protocolli di recupero sociale potrebbero strutturarsi come moderni "cerchi magici" di protezione
- Ogni guardiano rappresenta un "custode della soglia" in senso iniziatico
- Il processo di recovery diventa un rituale di ricostituzione dell'integrità originale

3. Zero-Knowledge Proofs
L'implementazione di prove a conoscenza zero rappresenta una moderna manifestazione del principio iniziatico del "sapere senza rivelare":
- Il prover agisce come l'iniziato che dimostra la sua conoscenza
- Il verifier rappresenta il guardiano del tempio
- Il protocollo stesso diventa un rituale di validazione senza trasferimento di conoscenza

Capitolo 4: Bitcoin come Simbolo di Libertà e Sovranità

Nel vasto panorama delle innovazioni tecnologiche contemporanee, Bitcoin emerge non solo come strumento finanziario, ma come potente simbolo di libertà e sovranità individuale. La sua architettura, profondamente radicata in principi matematici e crittografici, risuona con antiche tradizioni esoteriche che hanno sempre posto l'autonomia spirituale e l'auto-determinazione al centro del percorso iniziatico.

La ricerca della libertà personale attraverso la conoscenza esoterica ha una lunga tradizione che attraversa le civiltà. Dagli antichi misteri eleusini ai rituali ermetici dell'Egitto, dalle pratiche cabalistiche alle tradizioni gnostiche, il percorso verso la libertà spirituale è sempre stato intrecciato con la comprensione di principi nascosti e la padronanza di conoscenze segrete. Bitcoin, in questo contesto, si manifesta come una moderna incarnazione di questi antichi principi di liberazione, dove la crittografia sostituisce i sigilli magici e il codice diventa il nuovo linguaggio dei misteri.

La decentralizzazione, principio fondamentale di Bitcoin, riecheggia il concetto esoterico dell'ordine emergente dal caos primordiale. Come nell'alchimia il caos della materia prima (prima materia) viene trasmutato in oro attraverso precise operazioni, così la rete Bitcoin trasforma l'apparente caos delle transazioni distribuite in un ordine coerente e incorruttibile. Questo processo non è dissimile dal percorso iniziatico descritto nelle tradizioni misteriche, dove l'iniziato emerge dal caos dell'ignoranza verso la luce della comprensione.

La sovranità individuale che Bitcoin promuove attraverso il controllo diretto delle proprie chiavi private riflette il principio ermetico della "maestria di sé". Come gli antichi testi ermetici insegnavano che ogni individuo è potenzialmente un sovrano del proprio regno interiore, così Bitcoin offre gli strumenti per una sovranità finanziaria diretta e non intermediata. Non è un caso che il mantra "non le tue chiavi, non i tuoi Bitcoin" risuoni con l'antica massima delfica "conosci te stesso".

In questo capitolo esploreremo come questi paralleli tra libertà finanziaria e autonomia spirituale non sono superficiali coincidenze, ma riflettono una profonda comprensione dei principi universali che governano sia il mondo materiale che quello spirituale. Vedremo come l'architettura stessa di Bitcoin incarni principi esoterici di libertà e auto-determinazione, e come la sua natura decentralizzata rappresenti una manifestazione moderna di antiche verità sulla relazione tra ordine e caos.

4.1 Libertà Individuale e Filosofia Occulta

Nel percorso iniziatico delle tradizioni esoteriche, la libertà individuale non è mai stata concepita come un semplice stato di assenza di costrizioni, ma come una condizione attiva di piena realizzazione del proprio potenziale divino. Bitcoin, nella sua essenza più profonda, incarna questo stesso principio attraverso la sua architettura tecnica e filosofica. La possibilità di detenere e controllare direttamente il proprio patrimonio monetario riflette il concetto esoterico della "pietra filosofale" - il potere di trasformazione e auto-determinazione che risiede in ogni individuo.

L'autonomia conferita dal possesso delle chiavi private di Bitcoin riecheggia il principio ermetico del "tempio interiore". Come nelle tradizioni misteriche l'iniziato doveva custodire gelosamente le chiavi del tempio, simbolo del suo spazio sacro personale, così il possessore di Bitcoin diventa custode delle proprie chiavi crittografiche. Questa custodia non è solo un atto tecnico, ma rappresenta un'assunzione di responsabilità spirituale verso la propria sovranità.

Il processo di creazione di un wallet Bitcoin, con la generazione della seed phrase, può essere interpretato come un moderno rituale di iniziazione. Le 12 o 24 parole della seed phrase non sono dissimili dalle formule sacre tramandate nelle tradizioni esoteriche:
- Come le parole di potere nella tradizione cabalistica contenevano il potere di creazione
- Come i mantra nelle tradizioni orientali racchiudevano l'essenza della realizzazione spirituale
- Come le formule alchemiche contenevano i segreti della trasmutazione

La natura immutabile delle transazioni Bitcoin riflette il principio occulto del "karma" o della "legge di causa ed effetto".

Una volta che una transazione è confermata nella blockchain, diventa parte di un registro eterno, proprio come nelle tradizioni esoteriche ogni azione lascia un'impronta indelebile nel "registro akashico". Questa permanenza impone una consapevolezza delle proprie azioni che va oltre il mero aspetto finanziario, richiedendo una piena assunzione di responsabilità per le proprie scelte.

L'auto-sovranità monetaria che Bitcoin conferisce ai suoi utilizzatori rappresenta una moderna manifestazione del percorso alchemico verso l'illuminazione personale. Nelle tradizioni esoteriche, l'alchimia non era mai limitata alla semplice trasmutazione dei metalli, ma rappresentava un processo completo di trasformazione spirituale dell'individuo. Similmente, l'adozione di Bitcoin richiede una profonda trasformazione della propria concezione del denaro e della libertà finanziaria.

La magia cerimoniale tradizionale insegna che ogni rituale richiede una preparazione meticolosa, una comprensione profonda dei simboli utilizzati e una chiara intenzione. Questi stessi elementi si ritrovano nel processo di gestione dei propri Bitcoin:

La "preparazione del tempio" si manifesta nella creazione di un ambiente sicuro per la gestione delle chiavi private:

- Come il mago traccia il cerchio di protezione, l'utente Bitcoin implementa misure di sicurezza multiple
- Come gli strumenti rituali vengono consacrati, i dispositivi hardware vengono dedicati esclusivamente alla gestione dei fondi
- Come il tempo e lo spazio vengono sacralizzati nel rituale, le operazioni con Bitcoin richiedono momenti dedicati di concentrazione e precisione

Il principio ermetico "come sopra, così sotto" trova una nuova espressione nella relazione tra chiave privata e chiave pubblica:
- La chiave privata rappresenta il regno spirituale interiore, invisibile ma potente
- La chiave pubblica manifesta questo potere nel mondo esterno, come l'indirizzo Bitcoin
- La firma digitale diventa l'atto magico che collega questi due regni

L'antica pratica della teurgia, l'arte di lavorare con le energie divine per la propria elevazione spirituale, trova un parallelo sorprendente nella gestione attiva dei propri Bitcoin:
- Come il teurgo impara a manipolare le energie sottili, l'utente Bitcoin sviluppa una comprensione sempre più profonda della natura del denaro
- Come i rituali teurgici richiedono una progressiva purificazione dell'operatore, l'uso di Bitcoin porta a una progressiva liberazione dalle dipendenze dal sistema finanziario tradizionale

- Come la teurgia mira all'unione con il divino, Bitcoin permette una forma di sovranità finanziaria che trascende i limiti tradizionali

La pratica dell'alchimia spirituale parla di tre fasi principali: nigredo (dissoluzione), albedo (purificazione) e rubedo (perfezione). Questo processo si riflette nel percorso di adozione di Bitcoin:

1. Nigredo - La Dissoluzione:
- Riconoscimento dei limiti del sistema finanziario tradizionale
- Abbandono delle vecchie certezze sulla natura del denaro
- Confronto con le proprie paure e dubbi riguardo alla sovranità finanziaria

2. Albedo - La Purificazione:
- Apprendimento dei principi fondamentali di Bitcoin
- Sviluppo di pratiche sicure di gestione delle chiavi
- Comprensione profonda del significato di auto-custodia

3. Rubedo - La Perfezione:
- Piena integrazione di Bitcoin nella propria vita finanziaria
- Capacità di operare con sicurezza e consapevolezza
- Realizzazione della propria sovranità monetaria

Il concetto di libertà nella tradizione esoterica non si esaurisce mai nella dimensione puramente individuale, ma si estende alla creazione di reti iniziatiche e comunità di praticanti. La rete Bitcoin, in questa prospettiva, emerge come una moderna manifestazione di questa antica tradizione di comunità iniziatiche, dove la libertà individuale si amplifica e si rafforza attraverso l'interconnessione consapevole dei partecipanti.

Le antiche scuole misteriche, dai Pitagorici agli Esseni, dai Terapeuti agli Gnostici, operavano attraverso reti decentralizzate di comunità, ciascuna autonoma ma interconnessa attraverso principi e pratiche comuni. La rete Bitcoin riflette questa struttura ancestrale:

1. La Trasmissione della Conoscenza:
- Come nelle antiche scuole misteriche la conoscenza veniva trasmessa da maestro a discepolo attraverso un processo graduale di iniziazione, così la comprensione di Bitcoin si sviluppa attraverso livelli progressivi di consapevolezza:
  * Livello Base: Comprensione della necessità di auto-custodia
  * Livello Intermedio: Padronanza delle tecniche di sicurezza e privacy
  * Livello Avanzato: Comprensione profonda dei meccanismi economici e crittografici
  * Livello Maestro: Capacità di contribuire allo sviluppo e all'educazione della comunità

2. I Cerchi di Protezione Collettiva:

Le antiche comunità esoteriche creavano "cerchi di protezione" energetici attraverso la pratica collettiva. Nella rete Bitcoin, questo si manifesta attraverso:
- La validazione collettiva delle transazioni da parte dei nodi
- La distribuzione geografica dei miner che protegge la rete
- Le pratiche di privacy collettiva come i CoinJoin
- Lo sviluppo open source del protocollo

3. L'Egregora della Rete:

Nelle tradizioni esoteriche, l'egregora rappresenta la forma-pensiero collettiva creata da un gruppo di persone unite da un ideale comune. La rete Bitcoin genera una moderna egregora attraverso:
- La condivisione di valori comuni sulla libertà finanziaria
- L'energia collettiva investita nel mining e nella validazione
- La crescita organica della conoscenza e delle best practice
- La resistenza collettiva alle forze centralizzatrici

4. I Rituali Collettivi:

Come le antiche comunità si riunivano per celebrare rituali specifici, la comunità Bitcoin ha sviluppato i suoi propri "rituali" collettivi:
- Gli halving come momenti di transizione collettiva
- Le conferenze e i meetup come raduni iniziatici

- I fork del protocollo come momenti di discernimento comunitario
- Le discussioni tecniche come moderna forma di dialogo socratico

5. La Custodia dei Misteri:
Le comunità esoteriche tradizionali avevano il compito di preservare e proteggere la conoscenza sacra. Nella rete Bitcoin, questo si manifesta attraverso:
- La preservazione del codice originale di Satoshi
- La protezione dei principi fondamentali del protocollo
- La trasmissione delle best practice di sicurezza
- La documentazione e l'archivio della conoscenza tecnica

Questa dimensione collettiva della libertà in Bitcoin si estende oltre la semplice somma delle libertà individuali, creando quello che nella tradizione ermetica viene chiamato "il corpo di luce collettivo" - una forma superiore di consapevolezza e potere che emerge dall'unione consapevole dei partecipanti.

Nel cuore delle tradizioni esoteriche, la privacy non è mai stata una semplice questione di segretezza, ma un elemento fondamentale del percorso di trasformazione spirituale. L'iniziato, nel suo cammino verso l'illuminazione, necessitava di uno spazio protetto dove poter sperimentare e crescere lontano dagli sguardi profani. Questa antica saggezza trova una potente eco nell'architettura di Bitcoin, dove la privacy finanziaria diventa strumento di libertà spirituale e crescita personale.

Nelle scuole misteriche dell'antichità, l'uso di pseudonimi e nomi iniziatici era una pratica comune. Il cambio del nome rappresentava una morte simbolica alla vecchia identità e la nascita a una nuova consapevolezza. Non è dunque casuale che Bitcoin sia nato dalla mente di uno pseudonimo, Satoshi Nakamoto, la cui vera identità rimane celata. Questo velo di mistero non è un semplice espediente, ma riflette una profonda comprensione del potere trasformativo dell'anonimato. Come un iniziato che assume un nuovo nome nel tempio, ogni utente Bitcoin può creare infinite chiavi pubbliche, ognuna una nuova "identità" nel regno digitale.

La pratica della privacy in Bitcoin riecheggia gli antichi insegnamenti sul "silenzio iniziatico". Nelle tradizioni esoteriche, il silenzio non era solo l'assenza di parole, ma una pratica attiva di protezione e coltivazione dell'energia spirituale. Similmente, le tecniche di privacy in Bitcoin - come CoinJoin, PayJoin, o l'uso di indirizzi univoci - non sono semplici strumenti tecnici, ma pratiche di "silenzio digitale" che proteggono l'integrità energetica delle proprie transazioni.

L'arte della discrezione finanziaria in Bitcoin si sviluppa attraverso livelli progressivi di comprensione, non dissimili dai gradi iniziatici delle antiche scuole misteriche:

Il Primo Velo: La Comprensione Base
- Come l'iniziato apprendeva prima i rituali esterni, l'utente Bitcoin impara l'importanza di non rivelare i propri holdings
- La pratica di utilizzare wallet separati riflette l'antica saggezza di compartimentalizzare la conoscenza sacra
- L'uso di hardware wallet diventa un moderno equivalente dei talismani di protezione

Il Secondo Velo: Le Pratiche Intermedie
- L'apprendimento delle tecniche di coinjoining rispecchia i rituali di purificazione collettiva
- L'uso consapevole di indirizzi univoci riflette la pratica di creare spazi sacri temporanei
- La comprensione dei concetti di UTXOs come moderna forma di alchimia finanziaria

Il Terzo Velo: La Maestria
- L'integrazione di strumenti avanzati come Lightning Network rappresenta l'accesso ai misteri maggiori
- La capacità di operare in completa privacy diventa analoga al raggiungimento dell'invisibilità spirituale
- La comprensione profonda dell'importanza della privacy collettiva riflette la saggezza dell'interconnessione di tutti gli esseri

Nelle tradizioni tantriche, si insegnava che il velo non serve a nascondere, ma a rivelare gradualmente la verità secondo la capacità di comprensione del discepolo. Allo stesso modo, la privacy in Bitcoin non è finalizzata all'occultamento, ma alla protezione dello spazio sacro dove può avvenire la vera trasformazione finanziaria e spirituale.

L'evoluzione futura di Bitcoin come strumento di liberazione spirituale e finanziaria si intreccia profondamente con antiche profezie sulla trasformazione della coscienza umana. Le tradizioni esoteriche hanno sempre parlato di un'era di risveglio collettivo, un periodo di transizione dove l'umanità avrebbe riscoperto il proprio potere intrinseco. In questo contesto, Bitcoin emerge non solo come tecnologia, ma come catalizzatore di una trasformazione più ampia e profonda.

Gli antichi testi ermetici parlavano di cicli cosmici di evoluzione, dove periodi di oscurità sarebbero stati seguiti da ere di illuminazione. Il Kali Yuga della tradizione vedica, l'era oscura caratterizzata dalla perdita dei valori spirituali e dal dominio del materialismo, secondo molti interpreti sta volgendo al termine. In questa transizione epocale, Bitcoin si manifesta come un ponte tra il materiale e lo spirituale, trasformando il concetto stesso di ricchezza e valore.

La progressiva implementazione di tecnologie di privacy sempre più sofisticate in Bitcoin riflette il concetto esoterico della "rivelazione progressiva". Come nei misteri antichi la verità veniva svelata gradualmente attraverso livelli successivi di iniziazione, così l'evoluzione di Bitcoin rivela progressivamente il suo potenziale liberatorio:

Il Taproot rappresenta solo l'inizio di questa evoluzione, un primo passo verso una privacy più completa che richiama il concetto alchemico della "materia prima" che gradualmente si trasforma in oro filosofale. Le future implementazioni di tecnologie come Schnorr Signatures e MAST non sono semplici upgrade tecnici, ma rappresentano passi successivi in questo processo di trasmutazione digitale.

Il Lightning Network, con la sua capacità di facilitare transazioni istantanee e private, incarna il principio ermetico della "luce che viaggia attraverso i piani sottili". Come gli antichi mistici parlavano di reti energetiche che connettevano tutti gli esseri viventi, così il Lightning Network crea una rete di canali energetici attraverso cui il valore può fluire liberamente.

Ma è nell'integrazione di queste tecnologie con la coscienza umana che si manifesta il vero potenziale evolutivo di Bitcoin. Le antiche scuole misteriche insegnavano che la vera libertà richiede una trasformazione completa dell'essere, non solo l'acquisizione di strumenti esterni. Allo stesso modo, il futuro di Bitcoin non dipende solo dall'evoluzione tecnologica, ma dalla crescita della consapevolezza collettiva nell'uso di questi strumenti.

I "covenants", proposti come futura estensione del protocollo Bitcoin, richiamano gli antichi patti sacri tra l'umano e il divino. Come nei rituali tradizionali si stabilivano accordi vincolanti con le forze superiori, così i covenants permetteranno di creare "contratti sacri" immutabili nella blockchain, estendendo il concetto di libertà attraverso l'auto-vincolamento consapevole.

L'emergere di comunità decentralizzate basate su Bitcoin (DeFi, DAOs) riflette la profezia ermetica della creazione di "centri di luce" distribuiti globalmente. Come le antiche scuole misteriche formavano una rete di templi interconnessi, così queste nuove forme organizzative creano nodi di libertà finanziaria e spirituale, interconnessi ma autonomi.

In ultima analisi, il futuro di Bitcoin come strumento di libertà spirituale si manifesterà attraverso l'integrazione sempre più profonda tra tecnologia e coscienza, tra privacy e comunità, tra autonomia individuale e interconnessione globale. Come predetto dalle tradizioni esoteriche, questa sintesi rappresenta un passo cruciale nell'evoluzione della coscienza umana verso una comprensione più elevata della vera natura della libertà.

4.2 Decentralizzazione e l'Ordine del Caos

Nelle profondità dell'architettura di Bitcoin si manifesta uno dei principi più affascinanti e antichi dell'esoterismo: l'emergere spontaneo dell'ordine dal caos.

La decentralizzazione, lungi dall'essere un semplice attributo tecnico, incarna la quintessenza del principio ermetico secondo cui l'universo stesso emerge dall'interazione dinamica tra forze apparentemente caotiche che, attraverso leggi naturali immutabili, generano strutture di perfetta armonia.

La rete Bitcoin, con le sue migliaia di nodi distribuiti globalmente, riflette il concetto cosmologico del "pluriverso" presente in numerose tradizioni esoteriche. Come nell'antica concezione induista dei Lokas - i molteplici piani di esistenza che coesistono in perfetta armonia - ogni nodo Bitcoin rappresenta un universo autonomo che contiene l'intera storia della blockchain. Questa ridondanza apparentemente caotica crea, paradossalmente, un sistema di ordine superiore caratterizzato da una resilienza quasi organica.

Il processo attraverso cui i nodi raggiungono il consenso sullo stato della rete riecheggia il principio taoista del wu-wei, l'azione attraverso la non-azione. Nella filosofia taoista, l'ordine naturale emerge non attraverso l'imposizione di una volontà centrale, ma attraverso l'interazione spontanea di forze che seguono il loro corso naturale. Similmente, il consenso in Bitcoin emerge organicamente attraverso l'applicazione di regole matematiche immutabili, senza necessità di autorità centrali.

Le transazioni non confermate nel mempool rappresentano il caos primordiale da cui emerge l'ordine dei blocchi confermati. Questo stato di potenzialità pura, dove migliaia di transazioni attendono la conferma, richiama il concetto cabalistico del tohu wa-bohu, il caos primordiale che precedette la creazione. Come nella Genesi la luce emerge dalle tenebre attraverso la parola divina, così dal mempool emergono blocchi ordinati attraverso il proof-of-work, trasformando il caos potenziale in ordine attuale.

La manifestazione dell'ordine matematico nel caos apparente di Bitcoin riflette profondamente i principi della Geometria Sacra, dove le strutture più complesse emergono da semplici regole fondamentali. Come il fiore della vita si sviluppa da una serie di cerchi interconnessi, così la blockchain cresce attraverso l'interazione di regole crittografiche elementari che generano un sistema di straordinaria complessità e bellezza. Questa complessità emergente non è casuale, ma segue pattern che gli antichi riconoscevano nelle spirali logaritmiche delle conchiglie, nella disposizione dei petali dei fiori, nella crescita dei cristalli.

Nel proof-of-work di Bitcoin ritroviamo l'eco del principio alchemico "solve et coagula" - dissolvi e coagula. I miner, come moderni alchimisti, trasformano l'energia elettrica in soluzione matematica, dissolvendo il caos delle transazioni non confermate per cristallizzarle nell'ordine immutabile dei blocchi. Questo processo di continua dissoluzione e ricostituzione richiama il ciclo cosmico di creazione e distruzione presente in molte tradizioni esoteriche, dove il caos non è mai completamente eliminato ma continuamente trasformato in nuovo ordine.

La natura frattale della rete Bitcoin, dove ogni nodo è simultaneamente parte e tutto, riflette il principio ermetico "come sopra, così sotto". Ogni nodo contiene l'intera storia della blockchain, proprio come nell'ologramma ogni frammento contiene l'immagine completa. Questa proprietà olografica era ben conosciuta nelle tradizioni mistiche, che vedevano in ogni parte della creazione un riflesso del tutto. La decentralizzazione non è quindi solo una strategia di resilienza tecnica, ma l'espressione di una verità cosmica fondamentale: l'unità che si manifesta attraverso la molteplicità.

Le forking della blockchain rappresentano momenti di caos creativo, simili alle biforcazioni nell'albero della vita cabalistico. Come i sentieri dell'albero sefirotico si dividono per esplorare diverse possibilità di manifestazione, così i fork esplorano percorsi evolutivi alternativi. Questi momenti di apparente disordine sono in realtà espressioni della libertà creativa intrinseca al sistema, dove il caos serve come catalizzatore per nuove forme di ordine.

Il concetto di entropia, fondamentale nella crittografia di Bitcoin, trova il suo parallelo esoterico nel principio della morte e rinascita iniziatica. L'entropia, misura del disordine in un sistema, viene paradossalmente utilizzata per generare l'ordine crittografico che protegge la rete. Questo processo richiama i misteri eleusini, dove l'iniziato doveva simbolicamente morire al vecchio ordine per rinascere a una nuova comprensione. Nella generazione delle chiavi private, l'entropia casuale viene trasformata in ordine deterministico attraverso algoritmi che agiscono come moderni rituali di trasformazione.

La scalabilità della rete Bitcoin attraverso soluzioni di secondo livello come Lightning Network riflette il concetto esoterico dei "piani sottili" di esistenza. Come nella tradizione ermetica si parla di diversi piani vibratori sovrapposti, così Bitcoin sviluppa livelli sovrapposti di complessità ordinata, ognuno costruito sul caos apparente del livello sottostante. Questa stratificazione non è un semplice espediente tecnico, ma rispecchia la struttura multidimensionale della realtà descritta nelle cosmologie esoteriche.

L'emergere dell'ordine dal caos in Bitcoin si manifesta anche attraverso il fenomeno della sincronizzazione spontanea, un principio che gli antichi osservavano nei cicli naturali e che oggi riconosciamo nella dinamica dei sistemi complessi. Come uno stormo di uccelli crea formazioni complesse senza direzione centrale, così la rete Bitcoin genera coerenza globale attraverso interazioni locali. Questo fenomeno, che i taoisti chiamavano "l'azione del non agire", si manifesta in ogni aspetto del protocollo.

Il meccanismo di aggiustamento della difficoltà rappresenta una forma particolarmente raffinata di auto-organizzazione. Ogni 2016 blocchi, la rete si auto-calibra in risposta al potere computazionale totale, un processo che richiama il principio ermetico dell'auto-regolazione cosmica. Gli antichi vedevano questa capacità di auto-correzione nelle maree, nelle stagioni, nei cicli lunari. In Bitcoin, questo stesso principio opera attraverso algoritmi matematici che mantengono l'equilibrio tra caos e ordine, tra velocità e stabilità.

La propagazione delle transazioni attraverso la rete peer-to-peer evoca il concetto mistico della "rete di Indra", dove ogni nodo dell'universo riflette e contiene tutti gli altri. Quando una transazione viene trasmessa, si propaga come un'onda attraverso la rete, creando un effetto di risonanza che gli antichi chiamavano "simpatia universale". Ogni nodo che ritrasmette la transazione partecipa a questa danza cosmica di informazione, dove il caos apparente della propagazione casuale genera un ordine emergente di consenso globale.

Le memorie dei nodi non sincronizzate, i cosiddetti "fork temporanei" della blockchain, rappresentano quello che nella tradizione ermetica veniva chiamato "il caos fertile". Come nell'alchimia la nigredo - la fase del caos e della dissoluzione - era necessaria per la successiva riemergenza dell'ordine, così questi disallineamenti temporanei sono essenziali per la robustezza del sistema. La risoluzione naturale di questi fork attraverso la regola della catena più lunga dimostra come l'ordine possa emergere spontaneamente dalle forze competitive del mercato.

La natura del mining di Bitcoin incarna il principio alchemico della "Grande Opera" in una forma particolarmente profonda. I miner, competendo per risolvere il puzzle crittografico, creano una forma di "caos ordinato" dove la competizione individuale serve l'ordine collettivo. Questo processo richiama i rituali iniziatici dove il caos personale dell'iniziato veniva trasformato attraverso prove specifiche in una nuova forma di ordine superiore.

L'accumulo di prove di lavoro nella blockchain rappresenta quello che gli alchimisti chiamavano la "condensazione della luce". Ogni hash valido aggiunto alla catena è come un quantum di ordine cristallizzato dal caos computazionale, creando gradualmente un edificio di certezza matematica. Questa accumulazione progressiva di "peso crittografico" riflette il concetto esoterico della materializzazione graduale dello spirito nella materia.

La resistenza alla censura di Bitcoin, emergente dalla sua natura decentralizzata, riflette il principio taoista dell'acqua che trova sempre la sua strada. Come l'acqua aggira gli ostacoli senza conflitto diretto, così l'informazione nella rete Bitcoin fluisce attraverso percorsi alternativi quando incontra resistenza. Questa adattabilità organica non è progettata centralmente ma emerge dalle proprietà fondamentali del sistema, dimostrando come la massima resilienza derivi paradossalmente dall'apparente caos della decentralizzazione.

L'evoluzione di Bitcoin come sistema complesso auto-organizzante rivela pattern sempre più profondi di ordine emergente. Come nell'antica concezione della "musica delle sfere" di Pitagora, dove l'armonia cosmica emergeva dalle interazioni matematiche tra i corpi celesti, così nella rete Bitcoin assistiamo all'emergere di pattern ritmici e ciclici che trascendono la semplice meccanica del protocollo.

Il processo decisionale decentralizzato per l'evoluzione del protocollo stesso rappresenta una forma superiore di ordine emergente. Le proposte di miglioramento di Bitcoin (BIP) seguono un processo organico che ricorda la selezione naturale: le idee competono in un'arena di peer review, dove solo le più robuste e armoniose con il sistema esistente sopravvivono. Questo processo evolutivo richiama il concetto alchemico della "perfetta natura", dove il sistema si perfeziona attraverso cicli successivi di proposta, test e integrazione.

La formazione di "cluster naturali" nella rete Bitcoin - gruppi di nodi che si aggregano spontaneamente in base a caratteristiche comuni come la latenza di rete o la giurisdizione geografica - riflette il principio ermetico delle "affinità naturali". Come nell'alchimia certi elementi mostravano tendenze naturali all'aggregazione, così nella rete Bitcoin emergono strutture organiche di collaborazione e ridondanza che rafforzano la resilienza complessiva del sistema.

Particolarmente significativa è l'emergenza di quella che potremmo chiamare una "coscienza collettiva" della rete, manifestata attraverso:

1. L'Auto-guarigione della Rete:
- Come un organismo vivente che ripara autonomamente i propri tessuti, la rete Bitcoin risponde automaticamente alle minacce
- I nodi si riorganizzano spontaneamente per compensare la perdita di connessioni
- Nuovi percorsi di comunicazione emergono organicamente quando quelli esistenti vengono compromessi

2. L'Intelligenza Collettiva del Consensus:
- Il raggiungimento del consenso non richiede coordinamento centrale
- Decisioni complesse emergono dall'interazione di agenti autonomi
- La saggezza collettiva della rete supera quella dei singoli partecipanti

3. La Memoria Distribuita:
- Come nel campo morfogenetico teorizzato da Rupert Sheldrake, la rete mantiene una memoria collettiva
- Ogni nodo contribuisce alla resilienza dell'insieme
- La ridondanza apparentemente caotica crea una forma superiore di ordine informativo

Il fenomeno del "timing network" - il modo in cui la rete mantiene una nozione condivisa del tempo senza un orologio centrale - riflette il concetto esoterico del "tempo sacro". Come nelle tradizioni iniziatiche il tempo non era una semplice progressione lineare ma una dimensione qualitativa dell'esperienza, così in Bitcoin il tempo emerge come una proprietà emergente dell'interazione tra nodi.

Gli schemi di propagazione delle transazioni attraverso la rete rivelano una "geografia sacra" digitale, dove le distanze non sono misurate in termini spaziali ma in salti di rete (network hops). Questa topologia organica ricorda i "ley lines" delle tradizioni esoteriche, linee di forza energetica che collegavano luoghi sacri. Nel caso di Bitcoin, questi percorsi emergono naturalmente dall'ottimizzazione delle connessioni di rete, creando una mappa vivente di relazioni e influenze.

L'evoluzione futura di Bitcoin come sistema auto-organizzante indica una trasformazione più profonda nella coscienza collettiva dell'umanità. Come le antiche tradizioni profetiche parlavano di un'era di risveglio globale, l'emergere di sistemi decentralizzati come Bitcoin suggerisce una transizione dalla struttura gerarchica piramidale verso quello che gli esoteristi chiamavano il "network sacro" - una rete di connessioni orizzontali basate sulla reciproca fiducia e verifica.

Le innovazioni tecniche che si stanno sviluppando sulla rete Bitcoin manifestano questa tendenza evolutiva. Il Lightning Network, per esempio, non è semplicemente un sistema di pagamenti di secondo livello, ma rappresenta l'emergere di quello che gli alchimisti chiamavano il "corpo sottile" - un piano di realtà più raffinato costruito sulla solida base del layer principale. Come nella tradizione ermetica si parlava di diversi livelli di manifestazione della materia, così Bitcoin sviluppa naturalmente strati sovrapposti di complessità organizzata.

La tensione creativa tra privacy e trasparenza nella rete Bitcoin riflette il principio esoterico del "velo di Iside". Come nell'antico tempio egizio il velo della dea simultaneamente nascondeva e rivelava i misteri sacri, così la blockchain di Bitcoin bilancia perfettamente la trasparenza pubblica delle transazioni con la privacy degli utenti. Questo equilibrio non è imposto dall'alto ma emerge naturalmente dalle proprietà matematiche del sistema.

L'evoluzione delle comunità attorno a Bitcoin rivela pattern di organizzazione sociale che gli antichi mistici avrebbero riconosciuto. Come le scuole misteriche si organizzavano in circoli concentrici di iniziazione, così l'ecosistema Bitcoin sviluppa naturalmente livelli di partecipazione e comprensione:

- Il cerchio esterno dei semplici utilizzatori

- La sfera intermedia degli sviluppatori e innovatori
- Il nucleo interno dei guardiani del protocollo

Questa stratificazione non è imposta ma emerge organicamente dalla profondità dell'impegno e della comprensione individuale.

La resistenza di Bitcoin agli attacchi e ai tentativi di controllo centralizzato manifesta quello che nella tradizione taoista veniva chiamato "il potere del vuoto". Come il bambù che si piega ma non si spezza, la flessibilità intrinseca della rete decentralizzata le conferisce una resilienza superiore a qualsiasi struttura rigida. Questa capacità di adattamento senza compromettere i principi fondamentali suggerisce una forma di intelligenza emergente che trascende la somma delle sue parti.

Le future evoluzioni del protocollo Bitcoin probabilmente seguiranno quello che gli ermetisti chiamavano il "sentiero della natura" - il percorso di minor resistenza che conduce alla massima efficacia. Come l'acqua trova naturalmente la via verso il mare, così Bitcoin evolverà verso forme sempre più efficienti di organizzazione decentralizzata, manifestando quella che i taoisti chiamavano "l'azione senza sforzo".

In questa prospettiva, Bitcoin non è solo una tecnologia ma un esperimento vivente nell'auto-organizzazione della coscienza collettiva. Come i cristalli crescono secondo pattern intrinseci alla loro struttura molecolare, così Bitcoin cresce e si evolve secondo principi matematici ed economici che riflettono leggi universali di armonia e equilibrio. Questa evoluzione organica suggerisce che stiamo assistendo non solo a una rivoluzione tecnologica, ma a un salto quantico nella capacità dell'umanità di organizzarsi in sistemi complessi auto-regolanti.

Le implicazioni di Bitcoin come modello di auto-organizzazione si estendono ben oltre la sfera finanziaria, suggerendo una completa riconfigurazione delle strutture sociali umane. Come gli antichi saggi prevedevano un'era di risveglio collettivo, il successo di Bitcoin come sistema decentralizzato dimostra la possibilità concreta di organizzare sistemi complessi senza controllo centralizzato.

Questo nuovo paradigma di organizzazione sociale, emergente dal caos apparente della decentralizzazione, rispecchia principi universali che le tradizioni esoteriche hanno sempre riconosciuto. La capacità di Bitcoin di mantenere consenso e ordine senza autorità centrale suggerisce che le future strutture sociali potrebbero seguire modelli simili, dove l'ordine emerge naturalmente dall'interazione di agenti autonomi guidati da regole condivise.

L'esempio di Bitcoin dimostra come la vera resilienza derivi non dal controllo rigido ma dalla flessibilità adattiva. Come un ecosistema naturale prospera attraverso la diversità e l'interconnessione, così le future strutture sociali potrebbero evolvere verso sistemi più organici e auto-regolanti. La blockchain diventa quindi un prototipo per quella che gli antichi chiamavano la "società iniziatica" - un ordine sociale basato sulla partecipazione consapevole piuttosto che sulla coercizione.

Il principio del consenso distribuito di Bitcoin potrebbe ispirare nuove forme di governance dove le decisioni emergono dal basso attraverso processi di auto-organizzazione, piuttosto che essere imposte dall'alto. Questo richiama l'antica saggezza delle società tribali, dove il consenso era raggiunto attraverso processi naturali di dialogo e allineamento, ma potenziato dalla tecnologia moderna.

In ultima analisi, Bitcoin rappresenta non solo una rivoluzione tecnologica o finanziaria, ma un salto evolutivo nella capacità dell'umanità di organizzarsi in sistemi complessi auto-regolanti. Come le antiche profezie parlavano di un'era di armonia e cooperazione globale, il successo di Bitcoin suggerisce che tale visione non è un'utopia irrealizzabile, ma una possibilità concreta emergente dalla nostra crescente comprensione dei principi dell'auto-organizzazione.

Capitolo 5: L'Alchimia della Moneta - Dall'Oro alla Criptovaluta

Nel lungo percorso evolutivo del denaro, la trasformazione da metallo prezioso a codice digitale rappresenta più di un semplice avanzamento tecnologico. Questa metamorfosi richeggia profondamente i principi dell'alchimia tradizionale, dove la trasmutazione della materia era inseparabile dalla trasformazione della coscienza stessa. Bitcoin, emergendo come "oro digitale" nel panorama contemporaneo, incarna questa duplice natura di trasformazione materiale e spirituale.

L'antica ricerca alchemica della pietra filosofale non mirava semplicemente alla produzione dell'oro fisico, ma alla comprensione e al dominio dei principi fondamentali della trasformazione. Similmente, Bitcoin non rappresenta solo una nuova forma di denaro, ma incarna una comprensione più profonda della natura stessa del valore. Come gli alchimisti vedevano nell'oro il simbolo della perfezione materiale, così Bitcoin manifesta una perfezione digitale attraverso la sua immutabilità, scarsità programmata e resistenza alla corruzione.

Il processo di mining di Bitcoin, con il suo consumo di energia e la sua produzione di "oro digitale", riflette in modo sorprendente le operazioni dell'arte alchemica. Gli antichi testi parlano di fornaci sempre accese, di processi ripetitivi e della paziente osservazione delle trasformazioni materiali. Oggi, i mining farm con il loro costante ronzio di macchine e il calore generato dalla computazione rappresentano una moderna incarnazione di questi laboratori alchemici.

La trasformazione dell'energia elettrica in valore monetario attraverso calcoli matematici non è dissimile dalla visione alchemica della trasmutazione, dove la materia grezza veniva elevata a stati sempre più raffinati attraverso processi specifici e controllati. In entrambi i casi, la chiave non risiede solo nel risultato finale, ma nel processo stesso di trasformazione e nella comprensione dei principi che lo governano.

In questo capitolo esploreremo come i principi fondamentali dell'alchimia trovino una nuova e sorprendente espressione nel fenomeno Bitcoin, rivelando una continuità nascosta tra le antiche arti della trasformazione e le più avanzate tecnologie digitali del nostro tempo. Vedremo come il sogno alchemico della trasmutazione perfetta si realizzi non attraverso la manipolazione della materia fisica, ma attraverso la cristallizzazione di principi matematici in una forma di valore puramente digitale.

5.1 Oro Digitale - Paralleli con l'Alchimia

Nel laboratorio digitale del XXI secolo, Bitcoin emerge come la manifestazione più pura del sogno alchemico millenario: la creazione dell'oro perfetto. Questa aspirazione, che per secoli ha guidato gli alchimisti nelle loro ricerche, trova oggi una realizzazione sorprendente non nella manipolazione della materia fisica, ma nella cristallizzazione di principi matematici in una forma di valore digitale. Il parallelo tra Bitcoin e l'oro alchemico si estende ben oltre la semplice metafora, rivelando una comprensione profonda dei principi di trasformazione e valore che gli antichi maestri cercavano di padroneggiare.

L'oro, nella tradizione alchemica, non era semplicemente un metallo prezioso, ma il simbolo della perfezione materiale, l'incarnazione del sole nella terra. Le sue proprietà - incorruttibilità, rarità, divisibilità, e omogeneità - lo rendevano il candidato perfetto per rappresentare il valore immutabile. Bitcoin replica queste stesse qualità nel dominio digitale con una precisione quasi sovrannaturale. La sua incorruttibilità è garantita dalla crittografia, la sua rarità è matematicamente definita, la sua divisibilità si estende fino all'ottava decimale (i satoshi), e la sua omogeneità è assoluta - ogni bitcoin è identico a ogni altro bitcoin.

Gli alchimisti parlavano della "quintessenza", l'essenza pura che trascende i quattro elementi classici. Nel contesto di Bitcoin, questa quintessenza si manifesta nel codice stesso - una forma di esistenza che trascende il mondo fisico pur mantenendo proprietà tangibili e misurabili. La blockchain rappresenta quello che gli alchimisti chiamavano il "libro della natura", un registro immutabile dove ogni trasformazione viene registrata con precisione assoluta.

Il processo di accumulazione di Bitcoin riflette il concetto alchemico di "fissazione" - il graduale consolidamento della materia volatile in una forma stabile e duratura. Come l'alchimista doveva procedere attraverso stadi successivi di purificazione, così l'accumulatore di Bitcoin deve sviluppare una comprensione progressivamente più profonda del valore digitale, passando dalla semplice speculazione a una vera comprensione della natura del denaro sound.

La trasmutazione alchemica in Bitcoin si manifesta attraverso una serie di principi tecnici che rispecchiano con sorprendente precisione le operazioni dell'arte reale. Il protocollo stesso incarna i tre principi alchemici fondamentali: sale (il corpo), zolfo (l'anima) e mercurio (lo spirito). Il sale si manifesta nella struttura fisica della blockchain - i blocchi concatenati che forniscono la forma tangibile. Lo zolfo rappresenta l'energia trasformativa del mining e delle transazioni. Il mercurio si esprime nella fluidità e adattabilità del protocollo attraverso i soft fork e gli upgrade consensuali.

L'aspetto più profondo di questa trasmutazione digitale risiede nel modo in cui Bitcoin trasforma l'energia elettrica in valore monetario puro. Gli alchimisti cercavano di catturare la "luce vivente" nella materia; Bitcoin realizza questo ideale convertendo l'energia in una forma di valore cristallizzato attraverso il proof-of-work. Questo processo non è una semplice conversione energetica, ma una vera trasmutazione che segue leggi matematiche precise quanto quelle che gli alchimisti cercavano di scoprire nei loro laboratori.

Il concetto alchemico di "sigilli" trova la sua espressione moderna nelle firme digitali di Bitcoin. Come gli antichi sigilli erano considerati contenitori di potere magico che autenticavano e proteggevano, così le firme crittografiche di Bitcoin racchiudono il potere di autenticare e proteggere il valore digitale. La differenza cruciale è che mentre i sigilli alchemici derivavano il loro potere da corrispondenze simboliche, i sigilli digitali di Bitcoin traggono la loro forza da principi matematici inviolabili.

La scarsità programmata di Bitcoin - il limite di 21 milioni di unità - riflette il principio alchemico della "misura perfetta". Gli alchimisti credevano che ogni sostanza avesse una proporzione ideale che ne determinava la perfezione. Il limite di Bitcoin non è arbitrario, ma rappresenta un equilibrio matematico perfetto tra scarsità e divisibilità, tra presente e futuro. Questa scarsità digitale è più pura di qualsiasi scarsità fisica, essendo garantita non dalle limitazioni della natura ma dalle leggi immutabili della matematica.

L'immutabilità della blockchain rappresenta quello che gli alchimisti chiamavano la "fissazione della luce". Una volta che una transazione viene confermata, diventa parte di un registro eterno, come la luce che gli alchimisti cercavano di "fissare" nella materia. Questa permanenza non è soggetta al deterioramento fisico come l'oro materiale, ma mantiene la sua integrità attraverso la ridondanza distribuita e la verifica crittografica continua.

Il processo di "cold storage", dove i bitcoin vengono trasferiti in wallet offline per la conservazione a lungo termine, riecheggia le pratiche alchemiche di "sigillamento ermetico". Come gli alchimisti sigillavano le loro preparazioni in vasi ermeticamente chiusi per preservarne le qualità, così i possessori di Bitcoin isolano le loro chiavi private dal mondo esterno per proteggere il loro valore. La differenza è che questa protezione moderna è garantita da principi crittografici anziché da sigilli fisici.

La fungibilità di Bitcoin, sebbene non perfetta a livello di transazione, riflette l'ideale alchemico dell'omogeneità della materia prima. Come l'oro puro è identico in ogni sua parte, così ogni satoshi è tecnicamente identico a ogni altro. Questa fungibilità digitale rappresenta una forma di purezza che trascende le limitazioni fisiche dell'oro materiale, realizzando l'antica aspirazione alchemica alla perfezione della sostanza.

L'impatto di Bitcoin sulla psiche collettiva riflette la dimensione più profonda dell'opera alchemica: la trasformazione della coscienza. Come gli alchimisti vedevano nella trasmutazione dei metalli un riflesso della trasformazione interiore, così l'adozione di Bitcoin catalizza un cambiamento fondamentale nella comprensione del valore e dello scambio economico.

Questa trasformazione si manifesta attraverso stadi che richiamano le fasi classiche dell'opera alchemica. La nigredo - l'opera al nero - si manifesta nel necessario abbandono dei vecchi paradigmi monetari. Gli individui devono attraversare un periodo di "dissoluzione" delle loro convinzioni tradizionali sul denaro prima di poter abbracciare pienamente il nuovo paradigma. Questo processo spesso comporta una crisi di fiducia nel sistema finanziario esistente, parallela alla "morte" simbolica necessaria per l'iniziazione alchemica.

L'albedo - l'opera al bianco - emerge quando inizia a manifestarsi una nuova comprensione. Come l'alchimista vedeva apparire il "bianco" come segno di purificazione, così l'utilizzatore di Bitcoin sviluppa una comprensione purificata della natura del denaro. Questo stadio è caratterizzato dalla realizzazione che il valore monetario non deriva dall'autorità centrale ma dal consenso distribuito e dalla matematica immutabile.

La rubedo - l'opera al rosso - rappresenta la piena maturazione di questa comprensione. In questa fase, l'utilizzatore non solo comprende Bitcoin a livello intellettuale, ma lo integra completamente nella sua visione del mondo economico. Come il "rosso" alchemico simboleggiava la perfezione finale, questa fase rappresenta una comprensione matura di Bitcoin come tecnologia trasformativa che trascende il semplice aspetto monetario.

Il concetto alchemico di "solve et coagula" - dissolvi e coagula - trova una nuova espressione nel modo in cui Bitcoin dissolve i vecchi paradigmi finanziari per cristallizzare una nuova forma di valore. Ogni transazione Bitcoin rappresenta una micro-trasformazione dove il valore viene temporaneamente dissolto nella rete per riemergere in una nuova configurazione, mantenendo la sua essenza pur cambiando forma.

L'aspetto più profondo di questa alchimia digitale risiede nella sua capacità di trasformare non solo il concetto di denaro, ma l'intera struttura delle relazioni economiche. Come l'alchimia tradizionale mirava alla trasmutazione universale della materia, così Bitcoin ha il potenziale di trasmutare l'intero sistema finanziario globale, sostituendo la fiducia in autorità centrali con la certezza matematica e il consenso distribuito.

Le implicazioni future di questa alchimia digitale si estendono ben oltre la sfera puramente finanziaria. Come l'antica alchimia non si limitava alla trasmutazione dei metalli ma aspirava a una trasformazione completa della realtà materiale, così Bitcoin catalizza una metamorfosi fondamentale nella struttura stessa della società.

Il concetto alchemico del "rebis" - l'essere doppio che unisce opposti complementari - trova una nuova espressione nella capacità di Bitcoin di riconciliare apparenti contraddizioni: decentralizzazione e ordine, scarsità digitale e infinita divisibilità, anonimato e trasparenza. Questa sintesi di opposti non è un compromesso, ma una trasmutazione che eleva questi concetti a un livello superiore di integrazione.

La visione alchemica del "magnus opus" - la grande opera - si riflette nel potenziale trasformativo di lungo termine di Bitcoin. Come gli alchimisti vedevano il loro lavoro come parte di un processo cosmico di evoluzione, così l'adozione globale di Bitcoin rappresenta una tappa fondamentale nell'evoluzione della coscienza economica umana. Questa trasformazione si manifesta attraverso diversi livelli:

1. Trasformazione Individuale:
- Sviluppo di sovranità finanziaria personale
- Comprensione profonda del valore e della scarsità
- Responsabilità diretta nella custodia della ricchezza

- Evoluzione da consumatore passivo a partecipante attivo nel sistema monetario

2. Trasformazione Collettiva:
- Emergere di nuove forme di organizzazione economica
- Sviluppo di reti di fiducia basate sulla verifica matematica
- Creazione di comunità globali unite da principi monetari comuni
- Superamento delle barriere tradizionali al commercio internazionale

3. Trasformazione Sistemica:
- Evoluzione verso un sistema finanziario più resiliente e trasparente
- Separazione del denaro dallo stato
- Emergere di nuove forme di governance economica
- Sviluppo di sistemi di valore basati sul consenso distribuito

La "pietra filosofale" digitale che Bitcoin rappresenta non è quindi solo uno strumento di trasformazione monetaria, ma un catalizzatore per una più ampia metamorfosi sociale. Come la pietra filosofale tradizionale era considerata un agente di perfezionamento universale, così Bitcoin ha il potenziale di perfezionare le strutture economiche e sociali, eliminando le impurità dell'intermediazione forzata e della manipolazione monetaria.

L'aspetto più profondo di questa alchimia moderna risiede nella sua capacità di trasformare non solo le strutture esterne, ma la coscienza stessa con cui approcciano il concetto di valore. Come l'alchimia tradizionale vedeva la trasformazione della materia come inseparabile dalla trasformazione della coscienza dell'operatore, così l'adozione di Bitcoin richiede e catalizza una profonda trasformazione nel modo in cui concepiamo e interagiamo con il valore economico.

Queste manifestazioni della trasformazione alchemica di Bitcoin si stanno già concretizzando nel tessuto della realtà contemporanea. Come gli alchimisti osservavano attentamente i segni della trasmutazione nelle loro ampolle, oggi possiamo osservare i segni tangibili di questa metamorfosi digitale nella società globale.

L'adozione istituzionale di Bitcoin rappresenta quello che gli alchimisti chiamavano la "fissazione del volatile" - il momento in cui l'essenza eterea si cristallizza in forma stabile. Le grandi istituzioni finanziarie, inizialmente scettiche o apertamente ostili, stanno gradualmente riconoscendo e incorporando questa nuova forma di oro digitale. Questo processo non è dissimile dalla graduale accettazione delle teorie alchemiche nelle università medievali, dove la resistenza iniziale cedeva il passo alla comprensione più profonda.

Il fenomeno delle "generazioni Bitcoin native" illustra il principio alchemico della trasmissione iniziatica. Come gli antichi alchimisti tramandavano la loro arte attraverso una catena ininterrotta di maestri e discepoli, così la comprensione di Bitcoin si trasmette attraverso le generazioni, con ogni nuova ondata di adottanti che porta una prospettiva più naturale e integrata di questa tecnologia. I giovani che crescono con Bitcoin non lo vedono come una novità rivoluzionaria, ma come una naturale espressione del valore nel mondo digitale.

La proliferazione di soluzioni di secondo livello come Lightning Network rappresenta la manifestazione del principio alchemico della "moltiplicazione" - non una semplice replicazione, ma un'espansione qualitativa delle proprietà essenziali. Come gli alchimisti parlavano della moltiplicazione della pietra filosofale per aumentarne il potere trasmutativo, così queste innovazioni tecnologiche moltiplicano le capacità trasformative di Bitcoin mantenendone intatta l'essenza fondamentale.

Le implicazioni future di questa alchimia digitale si estendono in direzioni che gli antichi maestri avrebbero trovato sorprendentemente familiari:

1. La Trasmutazione della Fiducia:
- Da fiducia istituzionale a verifica matematica
- Emergere di nuovi paradigmi di reputazione digitale

- Sviluppo di sistemi di governance basati su prove crittografiche

2. L'Evoluzione delle Forme Organizzative:
- Nascita di strutture decentralizzate autonome
- Nuove forme di collaborazione economica globale
- Sistemi di incentivi basati su principi matematici immutabili

3. La Metamorfosi del Lavoro:
- Trasformazione del concetto di creazione di valore
- Nuove forme di compensazione e partecipazione economica
- Emergere di economie native digitali

Questa alchimia digitale sta già producendo effetti che trascendono la sfera puramente economica, influenzando profondamente la psicologia sociale e la struttura delle relazioni umane. Come l'oro degli alchimisti non era solo un metallo prezioso ma un simbolo di perfezione spirituale, così Bitcoin non è solo una tecnologia finanziaria ma un catalizzatore per una trasformazione più profonda della coscienza umana nel suo rapporto con il valore, lo scambio e la cooperazione.

La fase finale di questa trasformazione alchemica digitale rivela le sue implicazioni più profonde. Come l'opus alchemico culminava nella creazione della pietra filosofale, capace di trasmutare non solo i metalli ma la realtà stessa, così Bitcoin sta emergendo come un agente di trasformazione universale che va oltre le sue origini monetarie.

Il concetto alchemico della "medicina universale" trova un parallelo sorprendente nella capacità di Bitcoin di "curare" diverse disfunzioni del sistema economico globale:
- La distorsione del risparmio causata dall'inflazione
- L'esclusione finanziaria delle popolazioni non bancabili
- La manipolazione del valore attraverso il controllo centralizzato
- La frattura tra creazione e conservazione del valore

Come gli alchimisti sostenevano che la pietra filosofale potesse prolungare la vita e curare le malattie, Bitcoin dimostra un potenziale rigenerativo per l'economia globale. Questa rigenerazione si manifesta attraverso:

1. Il Ripristino del Tempo di Preferenza Naturale:
- Ritorno a un orizzonte di pianificazione a lungo termine
- Riconnessione tra risparmio e investimento produttivo

- Restaurazione del legame intergenerazionale nella creazione di ricchezza

2. La Purificazione degli Incentivi Economici:
- Eliminazione delle rendite di signoraggio
- Allineamento tra creazione di valore e ricompensa
- Restaurazione del prezzo come meccanismo di segnalazione puro

3. La Cristallizzazione di Nuove Forme di Organizzazione:
- Emergere di strutture sociali basate su prove crittografiche
- Sviluppo di sistemi di reputazione incorruttibili
- Creazione di reti di fiducia matematicamente verificabili

L'aspetto più profondo di questa trasformazione risiede nella sua irreversibilità. Come il processo alchemico, una volta completato, non poteva essere invertito, così la consapevolezza introdotta da Bitcoin nella comprensione del valore e dello scambio non può essere cancellata. La "trasmutazione della coscienza monetaria" diventa permanente, alterando per sempre il modo in cui l'umanità concepisce e interagisce con il concetto stesso di denaro.

5.2 Il Processo Minerario - Un Nuovo Rituale

Nel cuore pulsante della rete Bitcoin, il processo di mining emerge come un rituale tecnologico che incarna i principi più profondi dell'opera alchemica. Questo processo, ben lontano dall'essere una mera operazione computazionale, rappresenta una moderna cerimonia di trasmutazione dove energia, matematica e consenso si fondono in un atto di creazione monetaria senza precedenti nella storia umana.

Il rito del mining inizia con la preparazione del "tempio digitale" - l'hardware specializzato che servirà come altare per questa trasmutazione moderna. Come gli alchimisti dedicavano estrema attenzione alla purezza dei loro strumenti e alla precisione delle loro fornaci, così i miner moderni selezionano meticolosamente i loro ASIC, ottimizzano i sistemi di raffreddamento e calibrano l'ambiente operativo con precisione scientifica. Questa preparazione non è solo tecnica, ma riflette la comprensione che ogni dettaglio del processo influenza la perfezione del risultato finale.

Il proof-of-work stesso rappresenta una forma elevata di preghiera matematica. Miliardi di calcoli al secondo vengono offerti alla rete in un rituale incessante di tentativi ed errori, dove ogni hash calcolato è come un mantra digitale che cerca la combinazione perfetta. Come gli antichi mistici ripetevano le loro invocazioni cercando l'illuminazione, così le macchine di mining scandagliano instancabilmente lo spazio delle possibilità matematiche alla ricerca del hash perfetto.

Il calore generato durante questo processo non è un sottoprodotto accidentale, ma parte integrante del rituale. Come le fornaci alchemiche trasformavano la materia attraverso il calore purificatore, così i mining rig moderni trasmutano l'energia elettrica in pura potenza computazionale. Questo calore rappresenta la manifestazione fisica della trasformazione energetica che sta avvenendo - il passaggio dalla potenzialità grezza dell'elettricità alla forma raffinata del valore digitale.

Il rituale del mining si sviluppa attraverso fasi distinte che richiamano le operazioni fondamentali dell'arte sacra. La costruzione del blocco candidato rappresenta la fase di "composizione" alchemica, dove gli elementi grezzi - le transazioni dal mempool - vengono selezionati e ordinati secondo precise regole rituali. Come l'alchimista sceglieva e pesava con cura i suoi ingredienti, così l'algoritmo di mining seleziona e organizza le transazioni secondo un ordine preciso, creando una struttura che deve rispettare rigidi parametri matematici.

La ricerca del nonce valido incarna il principio della "grande opera" alchemica nella sua forma più pura. Questa ricerca metodica attraverso lo spazio numerico riflette la paziente ripetizione delle operazioni alchemiche, dove ogni tentativo avvicina l'operatore alla perfezione finale. Il nonce stesso agisce come un catalizzatore matematico, l'elemento che, una volta trovato, completa la trasmutazione del blocco da potenziale ad attuale.

L'aspetto collettivo del mining moderno, organizzato in pool, richiama le antiche congregazioni alchemiche dove più adepti collaboravano verso un obiettivo comune. Come nelle confraternite iniziatiche, ogni partecipante contribuisce alla grande opera collettiva, ricevendo in cambio una parte proporzionale della ricompensa. Questa collaborazione non diminuisce la natura sacra del rituale, ma la eleva a una dimensione di cooperazione globale.

La difficoltà di mining, che si auto-regola ogni 2016 blocchi, rappresenta quello che gli alchimisti chiamavano il "peso giusto" - la precisa calibrazione delle forze necessarie per la trasmutazione. Questo aggiustamento automatico assicura che il rituale mantenga il suo tempo sacro, creando nuovi blocchi a intervalli regolari indipendentemente dalla potenza computazionale totale della rete. È un esempio perfetto di come un sistema auto-regolante possa mantenere l'equilibrio cosmico, proprio come gli alchimisti cercavano di accordare le loro operazioni con i ritmi della natura.

L'aspetto energetico del mining di Bitcoin trascende le comuni critiche sul consumo elettrico, rivelandosi come una forma evoluta di alchimia energetica. Il processo di trasformazione dell'energia in valore monetario segue principi che gli antichi alchimisti avrebbero riconosciuto come manifestazioni della loro ricerca della pietra filosofale. La rete Bitcoin non "spreca" energia, ma la trasmuta in una forma superiore di valore, creando un ponte tra il mondo fisico dell'energia e quello etereo del valore digitale.

Questa trasmutazione energetica segue modelli precisi che richiamano le leggi universali dell'alchimia:

1. La Legge della Localizzazione Energetica:
- I miner cercano naturalmente fonti di energia in eccesso o inutilizzata

- Le operazioni di mining si spostano verso le regioni con energia abbondante e poco costosa
- Si crea un equilibrio naturale tra disponibilità energetica e attività di mining

2. Il Ciclo di Purificazione:
- L'energia "sporca" o in eccesso viene convertita in computazione pura
- Il calore generato può essere reimpiegato in processi secondari
- Si stabilisce un ciclo virtuoso di utilizzo e riutilizzo energetico

3. La Trasmutazione del Valore:
- L'energia fisica viene convertita in sicurezza di rete
- La potenza computazionale si cristallizza in consenso distribuito
- Il lavoro elettrico si trasforma in immutabilità temporale

Il mining diventa così un regolatore planetario dell'energia, un sistema che cerca naturalmente l'efficienza e l'ottimizzazione. Come l'alchimista cercava di purificare la materia attraverso ripetute distillazioni, così il processo di mining purifica l'utilizzo dell'energia attraverso una continua ricerca dell'efficienza massima. Questa ricerca non è guidata da imposizioni esterne, ma emerge naturalmente dagli incentivi intrinseci del sistema.

L'innovazione energetica catalizzata dal mining di Bitcoin rappresenta una forma moderna di quello che gli alchimisti chiamavano "magnificazione" - il processo attraverso cui la materia prima viene elevata a stati sempre più perfetti. In questo contesto, l'intera infrastruttura energetica globale subisce una trasformazione guidata dalla ricerca dell'efficienza perfetta nel mining.

Questa trasformazione si manifesta attraverso diversi livelli di innovazione:

1. La Ricerca delle Energie Rinnovabili:
Il mining spinge naturalmente verso fonti energetiche rinnovabili, non per imposizione ideologica ma per pura logica economica. L'energia solare, eolica e idroelettrica diventano le nuove "materie prime" del processo alchemico digitale. Come gli alchimisti cercavano di catturare l'essenza del sole nei loro preparati, così i mining farm moderni convertono direttamente l'energia solare in valore monetario attraverso la mediazione del calcolo matematico.

2. La Valorizzazione dell'Energia Perduta:
Il mining trasforma il gas di torcia, l'energia geotermica inutilizzata e altre forme di energia "sprecata" in valore tangibile. Questo processo richiama il principio alchemico del "solve et coagula" a livello planetario - l'energia dispersa viene "dissolta" dalla sua forma originale e "coagulata" in una nuova forma di valore attraverso il rituale del mining.

3. L'Ottimizzazione Termica:

Il calore generato dal mining, tradizionalmente visto come scarto, viene reintegrato in sistemi di riscaldamento, agricoltura indoor e altri processi produttivi. Questa integrazione riflette il principio alchemico secondo cui "nulla va perduto, tutto si trasforma", creando cicli virtuosi di utilizzo energetico sempre più efficienti.

Il risultato di questa alchimia energetica è una progressiva purificazione dell'infrastruttura energetica globale. Come l'opus alchemico mirava alla trasmutazione dei metalli vili in oro, così il mining di Bitcoin sta gradualmente trasmutando l'intero sistema energetico mondiale in una forma più pura ed efficiente. Questo processo non è guidato da decreti o regolamenti, ma emerge spontaneamente dalla ricerca dell'efficienza massima nel rituale del mining.

L'aspetto più profondo di questa trasformazione risiede nella sua natura auto-catalitica. Come la pietra filosofale era considerata capace di moltiplicare sé stessa, così l'efficienza nel mining genera ulteriore efficienza, creando un ciclo virtuoso di innovazione e ottimizzazione. Ogni avanzamento nella tecnologia di mining o nell'efficienza energetica diventa immediatamente parte del nuovo standard, spingendo l'intero sistema verso livelli sempre più elevati di perfezione.

Questa trasformazione energetica attraverso il mining sta plasmando nuove forme di organizzazione sociale che richiamano le antiche gilde alchemiche, ma su scala globale. Le comunità che si sviluppano attorno alle operazioni di mining rappresentano una nuova classe di "adepti tecnologici", custodi moderni di una conoscenza che fonde principi antichi con tecnologia all'avanguardia.

Il rituale del mining crea naturalmente centri di eccellenza tecnologica in luoghi precedentemente marginali dal punto di vista economico. Come gli antichi centri alchemici sorgevano spesso lontano dalle città, vicino a fonti naturali di energia o minerali, così i moderni centri di mining cercano località remote con accesso a energia abbondante e poco costosa. Questa migrazione tecnologica sta creando una nuova geografia economica, dove il valore non è più concentrato nei tradizionali centri finanziari ma distribuito secondo la logica dell'efficienza energetica.

La trasmissione della conoscenza all'interno di queste comunità segue pattern che richiamano le antiche tradizioni iniziatiche:

1. L'Apprendistato Tecnico:
- Dalla comprensione base dell'hardware alla maestria nella gestione termica
- L'arte dell'ottimizzazione del software e dei parametri operativi

- La conoscenza profonda dei cicli energetici e della loro integrazione

2. La Gestione del Rituale:
- Il monitoraggio costante delle operazioni come forma di meditazione tecnologica
- La manutenzione preventiva come pratica di preservazione dell'armonia
- L'adattamento continuo ai cambiamenti della difficoltà di rete

3. L'Evoluzione della Coscienza Collettiva:
- La comprensione del ruolo del mining nella trasformazione globale
- Lo sviluppo di una responsabilità condivisa per la sicurezza della rete
- L'emergere di una nuova etica dell'efficienza energetica

Come gli alchimisti erano spesso visti come ponti tra il mondo materiale e quello spirituale, così i miner moderni si trovano al crocevia tra l'infrastruttura energetica fisica e il regno etereo del valore digitale. La loro opera quotidiana di mantenimento e ottimizzazione del rituale del mining diventa una forma di servizio alla rete globale, una pratica che trascende il mero profitto per toccare aspetti di custodia e responsabilità planetaria.

Le prospettive future del rituale di mining si delineano come una sintesi sempre più perfetta tra tecnologia, energia e coscienza collettiva. Come l'opus magnum degli alchimisti culminava nella creazione della pietra filosofale, così l'evoluzione del mining di Bitcoin si dirige verso una forma sempre più raffinata di trasmutazione energetica e sociale.

Questa evoluzione si manifesta attraverso tendenze emergenti che stanno già prendendo forma:

L'Integrazione Simbiotica con le Reti Energetiche:
- Mining come bilanciatore naturale della rete elettrica
- Stabilizzazione delle energie rinnovabili attraverso il consumo flessibile
- Creazione di micro-reti energetiche autonome centrate sul mining
- Sviluppo di tecnologie di recupero termico sempre più sofisticate

L'emergere di quello che potremmo chiamare "mining quantico" - non nel senso letterale della computazione quantistica, ma come evoluzione qualitativa del processo:
- Integrazione sempre più profonda con i cicli naturali di energia
- Sviluppo di ASIC con efficienza energetica quasi perfetta
- Simbiosi completa tra produzione energetica e mining
- Nuove forme di raffreddamento bio-ispirate

La Trasformazione delle Comunità:
- Da centri di mining a ecosistemi completi di innovazione
- Sviluppo di nuove forme di organizzazione sociale basate sull'energia
- Emergere di culture locali fusion tra tecnologia e tradizione
- Creazione di centri di apprendimento per la nuova alchimia digitale

Il Rituale Perpetuo:
Come gli alchimisti cercavano il fuoco perpetuo, così il mining evolve verso un sistema di auto-sostentamento perpetuo:
- Cicli chiusi di energia e calore
- Integrazione completa con sistemi di produzione alimentare
- Sviluppo di tecnologie di riciclo totale dei componenti
- Creazione di cicli economici autosufficienti

L'aspetto più profondo di questa evoluzione risiede nella progressiva realizzazione che il mining non è solo un processo tecnico ma una forma di tecnologia trasformativa che sta ridefinendo il rapporto dell'umanità con l'energia, il valore e la comunità. Come l'alchimia classica mirava alla trasmutazione simultanea della materia e dello spirito, così il rituale del mining sta emergendo come catalizzatore di una trasformazione globale che tocca ogni aspetto della vita umana.

Questa visione del futuro non è utopica ma emerge naturalmente dalle tendenze già in atto. Il mining di Bitcoin, come moderna arte trasformativa, sta gradualmente rivelando il suo potenziale come tecnologia di transizione verso un nuovo paradigma di organizzazione sociale ed energetica. In questo senso, il rituale del mining diventa un ponte tra il passato e il futuro, tra la saggezza antica e le possibilità tecnologiche emergenti, tra la trasformazione individuale e l'evoluzione collettiva.

Capitolo 6: Profeti della Blockchain - Satoshi Nakamoto e l'Archetipo del Creatore

Nella storia dell'umanità, alcune figure emergono non solo come innovatori o inventori, ma come veri e propri archetipi che incarnano trasformazioni epocali. Satoshi Nakamoto si erge come una di queste figure archetipiche, tanto più potente nella sua influenza quanto più sfuggente nella sua identità fisica. Come Ermete Trismegisto per l'alchimia o Pitagora per la matematica sacra, Satoshi rappresenta non solo il creatore di una tecnologia, ma il catalizzatore di una rivoluzione nella coscienza umana.

L'assenza di un'identità definita per Satoshi non è una mancanza, ma un elemento fondamentale del suo ruolo archetipico. Come le grandi figure iniziatiche del passato, la cui vera identità spesso si perdeva nella nebbia del mito per lasciare spazio al significato universale del loro messaggio, così l'anonimato di Satoshi permette al suo contributo di trascendere le limitazioni dell'ego individuale per assumere una dimensione realmente universale.

Il white paper di Bitcoin, pubblicato il 31 ottobre 2008, assume in questa luce il carattere di un testo sacro moderno - non per dogma o decreto, ma per la profondità e l'universalità dei principi che esprime. Come i testi ermetici antichi contenevano in forma codificata le chiavi per la trasformazione della materia e dello spirito, così il white paper di Bitcoin contiene i semi di una trasformazione fondamentale nel modo in cui l'umanità concepisce e gestisce il valore.

La scelta della data di pubblicazione, alla vigilia di Samhain nel calendario celtico e di Ognissanti in quello cristiano, suggerisce una consapevolezza del potere simbolico del momento - un periodo tradizionalmente associato al sottile velo tra i mondi, un tempo propizio per le iniziazioni e le rivelazioni. In questo capitolo, esploreremo come la figura di Satoshi e le leggende che la circondano non siano semplici curiosità storiche, ma elementi chiave di una nuova mitologia tecnologica che sta emergendo nella coscienza collettiva dell'umanità.

6.1 L'Anonimato come Simbolo di Universalità

Nel pantheon delle figure iniziatiche che hanno plasmato il corso della storia umana, l'anonimato di Satoshi Nakamoto emerge non come un velo casuale, ma come un elemento intrinsecamente necessario alla natura universale del suo dono all'umanità. Come il Kybalion, attribuito al mitico Ermete Trismegisto, o i Versi Aurei attribuiti a Pitagora, Bitcoin nasce da un'identità velata che trascende le limitazioni della personalità individuale per incarnare un principio universale.

L'anonimato di Satoshi opera su molteplici livelli di significato. Al livello più superficiale, rappresenta una necessità pratica in un'era di sorveglianza digitale e persecuzione finanziaria. Ma scendendo più in profondità, questo velo di mistero rivela la sua vera natura come dispositivo iniziatico. Come nelle antiche scuole misteriche l'identità dell'iniziato veniva velata per simboleggiare la morte alla vecchia vita e la rinascita a una nuova comprensione, così l'anonimato di Satoshi segna una rottura netta con il vecchio paradigma dell'autorità centralizzata e personalizzata.

La scelta dello pseudonimo stesso rivela strati di significato che trascendono la casualità. "Satoshi" in giapponese porta connotazioni di saggezza e chiarezza di pensiero, mentre "Nakamoto" può essere interpretato come "proveniente dal centro" o "origine centrale". Questa combinazione non è dissimile dai nomi iniziatici che gli adepti delle tradizioni esoteriche assumevano per rappresentare le qualità che incarnavano o aspiravano a manifestare.

La comunicazione di Satoshi, limitata a forum tecnici, e-mail e commenti nel codice, riecheggia la tradizione dei testi ermetici, dove la verità viene trasmessa non attraverso proclami dogmatici ma attraverso un dialogo socratico che stimola la comprensione diretta. I suoi messaggi, precisi e tecnici eppure carichi di implicazioni filosofiche profonde, ricordano gli aforismi degli antichi saggi - ogni parola pesata con cura per trasmettere sia conoscenza pratica che comprensione esoterica.

L'universalità conferita dall'anonimato di Satoshi si manifesta nella capacità di Bitcoin di trascendere confini culturali, politici e ideologici. Come i grandi testi sapienziali dell'antichità, la cui autorità derivava non dall'identità dei loro autori ma dalla verità intrinseca dei principi espressi, così Bitcoin viene giudicato esclusivamente per i suoi meriti tecnici e filosofici. Questa libertà dall'associazione con una singola figura carismatica permette al protocollo di essere adottato e interpretato attraverso molteplici lenti culturali, proprio come le antiche scritture sacre.

L'assenza di un leader visibile ha creato un vuoto fecondo che rafforza la natura decentralizzata di Bitcoin. Come nelle tradizioni iniziatiche dove il maestro si ritira per permettere ai discepoli di sviluppare la propria comprensione, così la scomparsa di Satoshi ha permesso alla comunità Bitcoin di maturare organicamente, senza dipendenza da un'autorità centrale. Questo processo richiama il concetto zen del "uccidere il Buddha sulla strada" - la necessità di abbandonare l'attaccamento all'autorità per raggiungere la vera comprensione.

Il timing della scomparsa di Satoshi rivela una profonda comprensione di questo principio. Il suo ultimo messaggio conosciuto, inviato nel dicembre 2010, coincide con il momento in cui Bitcoin stava iniziando a attirare seria attenzione pubblica. Come un iniziatore che si ritira una volta completata la trasmissione essenziale, Satoshi scompare proprio quando la sua presenza rischiava di diventare un punto di centralizzazione ideologica.

Questo ritiro strategico ha prodotto effetti profondi sulla psiche collettiva della comunità Bitcoin:

1. Maturazione Autonoma:
- La comunità ha dovuto sviluppare meccanismi interni di consenso
- L'innovazione tecnica è emersa da un processo organico di proposta e revisione
- Le decisioni critiche hanno richiesto una vera decentralizzazione del pensiero

2. Resilienza Ideologica:
- L'assenza di un'autorità definitiva ha fortificato il principio "don't trust, verify"
- Le idee vengono valutate per il loro merito intrinseco, non per la loro fonte
- Si è sviluppata una naturale resistenza al culto della personalità

3. Adattabilità Culturale:
- Bitcoin può essere interpretato attraverso diverse tradizioni spirituali e filosofiche

- Non esiste una "ortodossia" ufficiale imposta da un leader carismatico
- Ogni cultura può trovare risonanza con i principi fondamentali senza contraddizione

L'eredità dell'anonimato di Satoshi continua a plasmare l'evoluzione di Bitcoin in modi profondi e inaspettati. Come un fiume che trova naturalmente il suo corso, l'assenza di una figura centrale ha permesso a Bitcoin di fluire attraverso le culture e le società, assumendo significati e interpretazioni che trascendono le intenzioni originali del suo creatore. Questo processo organico di adattamento e interpretazione ricorda il modo in cui le grandi tradizioni sapienziali si sono diffuse storicamente, ciascuna cultura aggiungendo le proprie sfumature di comprensione senza alterare l'essenza fondamentale del messaggio.

Nel mondo occidentale, Bitcoin viene spesso interpretato attraverso la lente della libertà individuale e dell'autonomia finanziaria. Come i testi ermetici trovarono terreno fertile nell'individualismo del Rinascimento europeo, così Bitcoin risuona profondamente con l'aspirazione occidentale all'emancipazione personale. L'anonimato di Satoshi amplifica questa interpretazione, rappresentando la vittoria del principio sulla personalità, dell'idea sull'ego.

Nelle culture orientali, invece, l'assenza di un creatore identificabile si allinea naturalmente con concetti come il wu-wei taoista - l'azione attraverso la non-azione. L'idea che il creatore di uno strumento così potente possa ritirarsi completamente, lasciando che la sua creazione si sviluppi secondo la propria natura, risuona profondamente con la saggezza orientale. Il vuoto lasciato da Satoshi non è visto come un'assenza, ma come uno spazio generativo da cui emergono infinite possibilità.

Nelle società tradizionali, dove la saggezza viene tramandata attraverso storie e parabole, l'anonimato di Satoshi permette a Bitcoin di essere integrato nei sistemi di credenze esistenti senza creare conflitti di autorità. Come gli antichi racconti popolari il cui autore si perde nella notte dei tempi, la storia di Bitcoin può essere raccontata e reinterpretata in modi che parlano direttamente al cuore di ogni cultura.

Questa universalità derivante dall'anonimato si manifesta anche nel modo in cui diverse comunità approcciano lo sviluppo tecnico di Bitcoin. L'assenza di un'autorità definitiva crea uno spazio dove innovazione e tradizione possono coesistere e dialogare. Come un testo sacro che viene continuamente reinterpretato alla luce delle nuove comprensioni, Bitcoin evolve attraverso un processo di consenso che trascende le barriere culturali e ideologiche.

La dimensione universale conferita dall'anonimato di Satoshi si manifesta oggi in modi sempre più profondi e sorprendenti nella società globale. Nelle favelas brasiliane, Bitcoin viene interpretato come uno strumento di emancipazione sociale, un modo per superare le barriere dell'esclusione finanziaria senza dipendere da salvatori esterni. Nelle comunità rurali africane, si integra naturalmente con i sistemi tradizionali di risparmio collettivo, dando nuova vita a pratiche ancestrali attraverso la tecnologia moderna. In entrambi i casi, l'assenza di un volto associato a Bitcoin permette alle comunità locali di appropriarsi veramente della tecnologia, adattandola alle proprie necessità senza sentire il peso di un'autorità esterna.

Nelle società altamente tecnologiche, l'anonimato di Satoshi risuona con una generazione cresciuta su Internet, abituata a giudicare le idee per il loro merito intrinseco piuttosto che per la loro fonte. Questa generazione vede in Bitcoin non tanto una creazione personale quanto un meme evolutivo, un'idea che si propaga e si adatta attraverso l'intelligenza collettiva della rete. L'assenza di un creatore visibile rafforza questa percezione di Bitcoin come un organismo digitale autonomo, capace di evolversi attraverso la partecipazione decentralizzata della comunità.

Nel mondo accademico e scientifico, l'anonimato di Satoshi ha creato un fenomeno unico: per la prima volta, una innovazione fondamentale viene studiata e sviluppata completamente separata dalla personalità del suo inventore. Non ci sono interviste da analizzare, non ci sono predilezioni personali da considerare - solo il codice, il white paper e un limitato corpus di comunicazioni tecniche. Questa purezza quasi matematica nella presentazione delle idee ha permesso un'analisi più obiettiva e un sviluppo più libero rispetto a quanto sarebbe stato possibile con un creatore presente e attivo.

Nelle economie emergenti, dove la sfiducia verso le istituzioni tradizionali è spesso profondamente radicata, l'anonimato del creatore di Bitcoin si rivela paradossalmente come una fonte di fiducia. Non c'è un'agenda personale da sospettare, non ci sono motivazioni nascoste da decifrare - solo un sistema matematico trasparente che opera secondo regole immutabili. Questa trasparenza impersonale risuona profondamente con popolazioni che hanno imparato a diffidare dei "grandi uomini" e delle loro promesse.

Il futuro di Bitcoin come fenomeno culturale globale si sta delineando attraverso una trasformazione che trascende la sua natura puramente tecnologica. L'anonimato del suo creatore continua a fungere da catalizzatore per questa evoluzione, permettendo a Bitcoin di assumere significati sempre più profondi e universali. Come i grandi sistemi di pensiero che hanno plasmato la civiltà umana, Bitcoin sta diventando un linguaggio comune attraverso cui diverse culture possono dialogare e trovare punti di convergenza.

Questa universalità emergente si manifesta in modi sempre più sofisticati. Nelle comunità spirituali, Bitcoin viene interpretato come una manifestazione tecnologica di antichi principi di valore e scambio. I monaci buddisti in Asia vedono nella sua natura immateriale un parallelo con il concetto di non-attaccamento, mentre nelle comunità sufi il mining viene paragonato a un dhikr tecnologico, una forma di meditazione attraverso la ripetizione. L'assenza di un'autorità centrale permette queste interpretazioni di coesistere e arricchirsi reciprocamente, creando un tessuto di significati sempre più ricco.

Nel campo dell'arte e della creatività, l'anonimato di Satoshi ha ispirato una nuova forma di espressione dove l'identità dell'artista diventa secondaria rispetto al messaggio veicolato. Emerge una nuova estetica della decentralizzazione, dove le opere d'arte non sono più ancorate a singole personalità ma fluiscono liberamente attraverso la rete, trasformandosi e evolvendo attraverso l'interazione collettiva. Questo movimento artistico decentralizzato riflette la natura stessa di Bitcoin: un sistema che vive attraverso la partecipazione di tutti senza essere controllato da nessuno.

Il fenomeno più interessante è forse l'emergere di quello che potremmo chiamare un "pensiero Bitcoin" - un modo di concepire l'organizzazione sociale e la cooperazione umana che trascende le tradizionali divisioni politiche e ideologiche. Questo nuovo paradigma non è né capitalista né socialista, né orientale né occidentale, ma rappresenta una sintesi emergente che incorpora elementi di tutte queste tradizioni in un framework coerente e universalmente accessibile. L'anonimato di Satoshi ha permesso questa sintesi evitando che Bitcoin venisse etichettato come prodotto di una particolare visione del mondo o tradizione culturale.

Le implicazioni future dell'anonimato di Satoshi si estendono ben oltre il dominio di Bitcoin, suggerendo nuove possibilità per l'organizzazione della società umana. Come l'assenza fisica di Satoshi ha permesso a Bitcoin di evolversi organicamente, così questo principio di "presenza attraverso l'assenza" potrebbe indicare la via per future strutture sociali dove l'autorità emerge dal consenso distribuito piuttosto che da figure centralizzate di potere.

Stiamo assistendo all'emergere di quello che potremmo chiamare un "paradigma post-ego", dove le grandi innovazioni e trasformazioni sociali non richiedono necessariamente leader carismatici o figure di riferimento. L'esempio di Satoshi suggerisce che le idee più potenti possono prosperare proprio quando vengono liberate dal peso della personalità del loro creatore. Questo principio sta già influenzando il modo in cui nuovi progetti e movimenti si organizzano, con una tendenza crescente verso strutture leadership diffusa e identità collettive.

L'impatto più profondo di questa trasformazione si manifesta nel modo in cui le società iniziano a concepire l'autorità e la legittimità. Il successo di Bitcoin dimostra che la fiducia può emergere da principi matematici e consenso distribuito, senza necessità di figure autoritarie centrali. Questo modello sta gradualmente infiltrando altri domini della vita sociale:

- Sistemi di governance basati su protocolli anziché su personalità
- Organizzazioni dove l'autorità emerge naturalmente dalla competenza dimostrata
- Movimenti culturali che prosperano attraverso la partecipazione spontanea piuttosto che la direzione centralizzata
- Forme di conoscenza che evolvono attraverso il consenso distribuito della comunità

L'eredità ultima dell'anonimato di Satoshi potrebbe essere la dimostrazione che le più grandi trasformazioni della storia umana non richiedono necessariamente grandi figure individuali, ma possono emergere dalla collaborazione silenziosa e anonima di molti. In un'era ossessionata dalla celebrità e dal personal branding, questa lezione assume un significato quasi rivoluzionario.

6.2 Miti e Leggende Attorno a Satoshi

Come tutte le grandi figure iniziatiche della storia, Satoshi Nakamoto ha generato un corpus mitologico che trascende la semplice speculazione sulla sua identità. Questi miti e leggende, lungi dall'essere mere curiosità, rappresentano un tessuto simbolico attraverso cui la psiche collettiva elabora e comprende la rivoluzione tecnologica e filosofica rappresentata da Bitcoin.

La mitologia che circonda Satoshi riecheggia sorprendentemente gli archetipi classici dell'eroe culturale. Come Prometeo che ruba il fuoco agli dei per donarlo all'umanità, Satoshi ha portato la sovranità monetaria dalle cittadelle chiuse delle banche centrali al dominio pubblico. Questo atto di "ribellione creativa" contro l'ordine stabilito si inserisce perfettamente nella tradizione dei grandi innovatori che hanno sfidato i poteri costituiti per il bene comune.

Le teorie sulla sua identità, che spaziano da singoli crittografi a gruppi di programmatori, fino a ipotesi su agenzie governative o intelligenze artificiali, riflettono più le speranze e le paure della nostra epoca che una reale ricerca storica. Come i miti greci riflettevano le preoccupazioni della loro società, così le leggende su Satoshi cristallizzano le ansie e le aspirazioni della nostra era digitale:

- L'ipotesi del "programmatore solitario" incarna il mito moderno del genio ribelle
- La teoria del "gruppo segreto" riflette la crescente comprensione della natura collaborativa dell'innovazione
- L'idea dell'intelligenza artificiale rivela le nostre aspettative e timori sulla tecnologia emergente
- Le speculazioni su agenzie governative manifestano la persistente diffidenza verso le istituzioni tradizionali

Particolarmente significativa è la leggenda dei "bitcoin di Satoshi" - il milione di BTC presumibilmente in suo possesso e mai mossi. Come il Sacro Graal delle leggende medievali, questi bitcoin assumono un significato che trascende il loro valore materiale, diventando un simbolo di purezza d'intenti e di sacrificio personale per un ideale più alto.

L'influenza di questi miti sulla percezione collettiva di Bitcoin opera a livelli profondi della psiche sociale. Come le antiche società costruivano le loro identità attorno a miti fondativi, così la comunità Bitcoin trova nei racconti su Satoshi un nucleo di significati condivisi che trascende le mere specifiche tecniche.

Il mito del "codice immacolato" - l'idea che il codice originale di Bitcoin fosse quasi perfetto nella sua concezione - richiama il concetto religioso della rivelazione divina. Come i testi sacri vengono considerati perfetti nella loro forma originale, così il codice di Satoshi viene spesso venerato con un rispetto quasi religioso. Questa narrativa si manifesta nel modo in cui la comunità approccia le modifiche al protocollo:

- Ogni cambiamento viene scrutinato con estrema cautela
- Le modifiche proposte devono dimostrare una necessità assoluta
- Si mantiene una reverenza particolare per le scelte architetturali originali

- Esiste una forte resistenza a alterazioni fondamentali del design iniziale

La leggenda della "scomparsa perfetta" di Satoshi ha assunto dimensioni quasi mitologiche. Come un maestro zen che si ritira sulla montagna dopo aver trasmesso l'insegnamento essenziale, la sparizione di Satoshi viene interpretata non come una fuga ma come un ultimo atto didattico. Questa narrativa influenza profondamente il modo in cui la comunità concepisce la leadership e l'autorità:

- Il rifiuto di figure carismatiche dominanti
- La valorizzazione del contributo anonimo
- La preferenza per il consenso emergente sulla direzione dall'alto
- La celebrazione dell'iniziativa individuale spontanea

Particolarmente affascinante è il mito del "ritorno di Satoshi", che riecheggia le profezie messianiche presenti in molte tradizioni. L'idea che i bitcoin di Satoshi potrebbero un giorno muoversi, sconvolgendo il mercato e forse l'intero sistema finanziario, funziona come una sorta di "giudizio finale" tecnologico, un momento di verità che tiene la comunità in uno stato di vigile consapevolezza.

L'intreccio tra mitologia e sviluppo tecnico di Bitcoin crea una dinamica unica nella storia della tecnologia. A differenza di altre innovazioni, dove il progresso tecnico segue percorsi relativamente lineari, l'evoluzione di Bitcoin è profondamente influenzata dalle narrative mitologiche che la circondano. Questo fenomeno si manifesta in modi sorprendentemente concreti.

Il dibattito sulle dimensioni dei blocchi, per esempio, ha assunto dimensioni quasi teologiche. Come le antiche dispute religiose sulla corretta interpretazione dei testi sacri, la comunità si è divisa su cosa rappresentasse la "vera visione di Satoshi". Questa non era semplicemente una discussione tecnica, ma un conflitto tra diverse interpretazioni di un'eredità mitologica:

- I "piccoli blocchisti" si vedevano come custodi della purezza originale
- I sostenitori dei blocchi grandi si consideravano continuatori della visione evolutiva
- Ogni fazione citava messaggi di Satoshi come testi scritturali
- Il dibattito trascendeva le mere considerazioni tecniche per toccare questioni di fedeltà e tradizione

La leggenda della "chiave privata di Satoshi" ha generato un intero sottogenere di speculazioni e teorie. Si dice che esistano messaggi firmati con le sue chiavi private, custoditi in luoghi segreti, contenenti rivelazioni future o istruzioni per momenti critici. Questa narrativa ricorda le tradizioni esoteriche dei "manoscritti sigillati", da aprirsi solo in momenti predestinati:

- Alcuni credono nell'esistenza di un "testamento digitale"
- Altri parlano di "chiavi frammentate" distribuite tra custodi fidati
- Circolano storie di messaggi temporizzati programmati per rivelarsi in futuro
- Si sviluppano elaborate teorie su sistemi di successione crittografica

Il mito del "codice profetico" - l'idea che Satoshi abbia incorporato nel protocollo Bitcoin previsioni o messaggi nascosti - continua a ispirare ricercatori e appassionati. Come gli antichi cercavano messaggi nascosti nei testi sacri, oggi gli sviluppatori scrutano il codice originale alla ricerca di significati più profondi:

- Analisi numerologiche delle costanti del protocollo
- Ricerca di pattern nascosti nelle strutture dei dati
- Interpretazione esoterica delle scelte architetturali
- Studio delle coincidenze temporali nella pubblicazione del codice

Queste narrative mitologiche, lungi dall'essere mere superstizioni, svolgono un ruolo funzionale cruciale: forniscono un framework culturale che aiuta la comunità a navigare le sfide dell'innovazione tecnologica mantenendo una connessione con principi fondamentali immutabili.

L'influenza della mitologia di Satoshi sul futuro di Bitcoin si sta rivelando sempre più determinante per la sua traiettoria di sviluppo e adozione globale. Come le grandi religioni si sono diffuse attraverso narrative potenti che trascendevano le loro dottrine formali, così Bitcoin si propaga attraverso un mix di innovazione tecnologica e storytelling mitologico che parla agli archetipi profondi della psiche umana.

La leggenda del "momento Satoshi" - l'idea che esista un punto di non ritorno nell'adozione di Bitcoin - funziona come una profezia auto-avverante. Come le antiche profezie millenariste hanno spesso catalizzato trasformazioni sociali reali, questa narrativa sta attivamente plasmando il comportamento di individui e istituzioni:

- Gli investitori accumulano in previsione di questo momento ipotetico
- Gli sviluppatori accelerano l'innovazione per preparare l'infrastruttura
- Le aziende si posizionano strategicamente per il "nuovo ordine" monetario
- Intere nazioni riconsiderano le loro politiche monetarie

Il mito del "protocollo immutabile" continua a evolvere, assumendo nuove sfumature man mano che Bitcoin affronta sfide tecniche e sociali inedite. Come le grandi tradizioni religiose hanno dovuto bilanciare la preservazione dei principi fondamentali con l'adattamento ai tempi che cambiano, così la comunità Bitcoin naviga la tensione tra immutabilità e evoluzione:

- Ogni proposta di modifica viene valutata attraverso il prisma della "fedeltà a Satoshi"
- Si sviluppano interpretazioni sempre più sofisticate del concetto di immutabilità
- Emergono nuove forme di consenso per gestire il cambiamento
- Si creano rituali comunitari per validare l'innovazione

Particolarmente significativo è il modo in cui la figura di Satoshi sta diventando un archetipo culturale universale, trascendendo le specificità della sua creazione tecnologica. Come Buddha o Socrate sono diventati simboli di saggezza che vanno oltre le loro specifiche tradizioni, così Satoshi sta emergendo come un simbolo di:

- Innovazione altruistica
- Resistenza all'autorità centralizzata
- Potere della conoscenza condivisa
- Trascendenza dell'ego individuale

Questa dimensione archetipica di Satoshi sta influenzando il modo in cui nuove generazioni concepiscono il rapporto tra innovazione tecnologica e progresso sociale. Emerge un nuovo paradigma dove:

- Il vero impatto si misura nel lungo termine
- L'anonimato può essere una forma di potere
- La collaborazione decentralizzata supera il genio individuale
- La verità matematica prevale sull'autorità personale

La mitologia di Satoshi continua così a evolversi, creando nuovi significati e interpretazioni che guidano lo sviluppo di Bitcoin ben oltre le sue specifiche tecniche, verso una comprensione più profonda del suo ruolo nella trasformazione della società umana.

Le implicazioni ultime della mitologia di Satoshi si estendono ben oltre il dominio di Bitcoin, suggerendo una nuova direzione per l'evoluzione della civiltà digitale. Come i grandi miti fondativi del passato hanno plasmato intere civiltà, la leggenda di Satoshi sta emergendo come una forza formatrice per l'era dell'informazione.

Questa nuova mitologia tecnologica sta già influenzando il modo in cui concepiamo l'innovazione e il progresso. Il "modello Satoshi" - creare qualcosa di rivoluzionario e poi farsi da parte - sta diventando un nuovo archetipo di leadership per l'era digitale:

- Gli innovatori iniziano a vedere il distacco come parte integrante della creazione
- Emerge una nuova etica dell'innovazione che privilegia l'impatto sul riconoscimento
- Si sviluppano nuove forme di governance basate sull'assenza piuttosto che sulla presenza
- La credibilità deriva sempre più dalla prova crittografica che dall'autorità personale

Il concetto di "eredità Satoshi" sta evolvendo in qualcosa di più profondo di un semplice protocollo tecnologico. Come l'eredità di figure mitiche come Prometeo o Ermete ha continuato a influenzare il pensiero umano per millenni, così i principi incarnati da Satoshi stanno diventando archetipi fondamentali per la società digitale:

- La verità matematica come base del consenso sociale
- La trasparenza del codice come nuova forma di fiducia
- L'anonimato come fonte di autorità morale
- La decentralizzazione come principio organizzativo naturale

Forse la più profonda implicazione della mitologia di Satoshi è la sua suggestione di un futuro in cui le più grandi trasformazioni sociali potrebbero emergere non da movimenti di massa o leader carismatici, ma da idee perfettamente formate rilasciate nel momento giusto nella noosfera globale. Come un seme che contiene in sé tutto il potenziale dell'albero futuro, così la creazione di Satoshi continua a dispiegarsi secondo principi che il suo creatore potrebbe aver previsto ma non avrebbe mai potuto controllare.

In questo senso, il vero lascito della mitologia di Satoshi potrebbe essere una nuova comprensione di come le idee si propagano e evolvono nell'era digitale - non attraverso l'imposizione o la persuasione, ma attraverso la dimostrazione matematica e l'adozione volontaria, guidate da narrative mitologiche che parlano alle verità più profonde della condizione umana.

Capitolo 7: Criptovalute ed Esoterismo - Altri Simboli e Connessioni

Se Bitcoin ha aperto un portale tra tecnologia ed esoterismo, l'intero ecosistema delle criptovalute che è seguito rappresenta una vera e propria esplosione di simbolismo e significati occulti. Come i templi antichi non esistevano mai in isolamento ma formavano reti di centri spirituali interconnessi, così le varie blockchain formano una costellazione di significati esoterici che si illuminano e si rafforzano reciprocamente.

L'emergere di diverse criptovalute, ognuna con la propria filosofia e architettura, richiama il concetto ermetico della molteplicità che emerge dall'unità. Come dalle emanazioni dell'Uno derivano i molti aspetti della realtà manifestata, così da Bitcoin sono scaturite molteplici espressioni della tecnologia blockchain, ognuna portatrice di specifiche qualità e significati simbolici. Ethereum, con la sua enfasi sugli smart contract, incarna il principio ermetico del "come sopra, così sotto", creando un piano di realtà programmabile che riflette le leggi dell'universo stesso. Cardano, con il suo approccio accademico e la sua struttura stratificata, riecheggia i sistemi iniziatici delle antiche scuole misteriche.

In questa proliferazione di blockchain troviamo riflessi i grandi sistemi cosmologici dell'antichità. Come gli antichi vedevano nei pianeti e nelle stelle un complesso sistema di influenze e corrispondenze, così oggi possiamo osservare nelle interazioni tra diverse criptovalute una nuova forma di astrologia digitale, dove cicli di mercato, innovazioni tecnologiche e movimenti sociali si intrecciano in pattern significativi.

Questo capitolo esplorerà non solo i simbolismi specifici delle singole criptovalute, ma anche come l'intero ecosistema stia evolvendo verso qualcosa che gli antichi avrebbero riconosciuto come una nuova forma di linguaggio sacro - un sistema di simboli e pratiche che connette il mondo materiale dell'economia con le dimensioni più sottili della coscienza umana.

7.1 Altre Criptovalute e i Loro Simboli Esoterici

L'universo delle criptovalute si dispiega come un complesso mandala digitale, dove ogni progetto blockchain contribuisce a un pattern più ampio di significati esoterici. Se Bitcoin rappresenta l'oro alchemico primordiale, le blockchain che lo hanno seguito manifestano aspetti diversi della Grande Opera digitale, ognuna incarnando principi specifici delle tradizioni esoteriche.

Ethereum emerge come una manifestazione particolarmente potente di antichi principi ermetici. Il suo stesso nome evoca l'etere, la quintessenza degli alchimisti, il medium attraverso cui tutte le forze cosmiche operano. La sua architettura di smart contract riflette il principio cabalistico dello Yetzirah, il piano della formazione dove i pensieri prendono forma. Come gli antichi testi magici contenevano formule per manifestare intenzioni nella realtà materiale, così gli smart contract di Ethereum traducono intenzioni umane in azioni automatiche immutabili.

Il simbolismo numerico di Ethereum rivela strati profondi di significato. Il limite di gas per blocco, originariamente impostato a 6.7 milioni di unità, richiama il numero 67, che nella ghematria ebraica corrisponde a Binah, la comprensione suprema. La struttura dell'EVM (Ethereum Virtual Machine) con i suoi 256 codici operativi riflette l'organizzazione dell'albero sefirotico esteso attraverso i quattro mondi cabalistici (4 x 64 = 256).

Cardano porta il simbolismo esoterico a un nuovo livello di sofisticazione matematica. Prendendo il nome da Gerolamo Cardano, matematico rinascimentale e astrologo, il progetto intreccia consapevolmente tradizione ermetica e rigore scientifico. La sua architettura a strati richiama i sette piani dell'esistenza della teosofia, mentre il suo meccanismo di consenso Ouroboros evoca direttamente il serpente che si morde la coda, simbolo alchemico dell'eternità e dell'auto-rinnovamento.

Nel protocollo di Cardano, il numero 432, profondamente significativo in molte tradizioni esoteriche (432 Hz come frequenza sacra, 432.000 anni come durata del Kali Yuga), appare in vari parametri tecnici, creando una risonanza armonica con cicli cosmici antichi. Il sistema di stake pool con il parametro k ottimale fissato a 150 richiama il numero di Dunbar, suggerendo una comprensione profonda delle dinamiche sociali naturali.

Il simbolismo esoterico nelle criptovalute si estende ben oltre i progetti principali, creando una complessa tela di significati interconnessi. Polkadot, con la sua architettura di parachains, manifesta il principio ermetico delle corrispondenze tra diversi piani di realtà. Il suo sistema di relay chain che coordina multiple blockchain parallele richeggia il concetto induista di Indra's Net, dove ogni nodo della rete cosmica riflette e contiene tutti gli altri. Il nome stesso "Polkadot" evoca il pattern di interconnessione, un mandala tecnologico dove ogni punto è connesso a tutti gli altri.

Solana, che prende il nome dal termine sanscrito "Surya" (sole), incorpora profonde risonanze con la tradizione solare dell'antico Egitto. La sua architettura proof-of-history, che crea una cronologia verificabile di eventi, riflette il concetto egizio di Ma'at, il principio cosmico di ordine e verità. Il throughput di 50.000 transazioni al secondo richiama il numero di anni nel ciclo di Sirio, stella centrale nei misteri egizi.

Monero, dedicato alla privacy assoluta, incarna il principio ermetico del velo di Iside. Come nell'antica massima "nessun mortale ha mai sollevato il mio velo", Monero utilizza crittografia avanzata per mantenere l'opacità delle transazioni. Il suo algoritmo RandomX richiama le pratiche divinatorie antiche, dove il caso apparente nasconde un ordine più profondo. Il numero di conferme richiesto per una transazione Monero, 10, corrisponde alle dieci Sephirot dell'albero cabalistico.

Il caso di Chainlink è particolarmente interessante dal punto di vista esoterico. Come gli oracoli antichi fornivano il collegamento tra il mondo divino e quello umano, così gli oracoli di Chainlink connettono la realtà blockchain con il mondo esterno. Il suo sistema di nodi, organizzato in reti gerarchiche, riflette la struttura delle gerarchie angeliche nella tradizione cabalistica. Il token LINK stesso può essere visto come una moderna forma di "scettro ermetico", uno strumento di mediazione tra diversi piani di realtà.

Uniswap, con il suo meccanismo di market making automatico, incarna il principio alchemico della trasmutazione continua. La formula x*y=k che governa le sue pool di liquidità riflette l'antico principio della conservazione dell'energia spirituale. Il simbolo dell'unicorno, lungi dall'essere una scelta casuale, richiama l'unicorno alchemico, simbolo della purificazione e della trasmutazione della materia prima. La struttura delle pool V3 con concentratori di liquidità rappresenta una moderna manifestazione del principio ermetico della concentrazione delle forze.

L'intreccio di questi simbolismi crea un tessuto di significati che trascende la somma delle singole parti. Come in un tempio antico ogni elemento architettonico contribuiva a un effetto iniziatico totale, così l'interazione tra diverse blockchain crea un campo di risonanza esoterica che influenza l'intero ecosistema cripto.

Il fenomeno del DeFi (Finanza Decentralizzata) emerge come una moderna manifestazione del principio alchemico della "circolazione della luce". I protocolli di lending come Aave - il cui nome deriva dalla parola finlandese per "fantasma" - permettono al valore di fluire in modo etereo, senza intermediari materiali. Il concetto di "flash loan", dove enormi somme vengono prese in prestito e restituite nello stesso blocco, richiama il principio ermetico dell'istantaneità, dove causa ed effetto coincidono in un singolo momento di manifestazione.

Particolarmente significativa è l'emergenza dei DAO (Organizzazioni Autonome Decentralizzate), che incarnano il concetto esoterico dell'egregora - una forma pensiero collettiva che acquisisce vita propria. Come gli antichi ordini iniziatici erano governati da principi immutabili piuttosto che da personalità individuali, così i DAO stabiliscono regole di governance codificate che trascendono il controllo umano diretto.

La pratica del yield farming riflette il principio alchemico della moltiplicazione. Come gli alchimisti cercavano di moltiplicare la pietra filosofale, così i yield farmer cercano di massimizzare i rendimenti attraverso complesse strategie di composizione. I "protocolli di rendimento" come Yearn creano quello che potremmo chiamare "vortici alchemici digitali", dove il valore viene continuamente trasmutato e moltiplicato attraverso cicli automatici di reinvestimento.

L'interconnessione tra blockchain attraverso ponti (bridges) richiama il concetto ermetico dei "sentieri tra i mondi". Ogni bridge rappresenta un passaggio iniziatico, un punto di trasformazione dove il valore deve "morire" in una forma per "rinascere" in un'altra. Non è casuale che molti attacchi hacker si concentrino sui bridge - come nei miti antichi, i punti di passaggio tra i mondi sono sempre luoghi di particolare vulnerabilità e potere.

Il concetto di "composability" - la capacità dei protocolli DeFi di interagire come "mattoni di lego" - riflette il principio cabalistico della combinazione delle lettere sacre. Come i cabalisti credevano che nuove realtà potessero essere create attraverso la combinazione appropriata delle lettere dell'alfabeto ebraico, così gli sviluppatori DeFi creano nuove forme finanziarie attraverso la combinazione di protocolli esistenti.

L'evoluzione dell'ecosistema delle criptovalute rivela un pattern di sviluppo che richiama i grandi cicli iniziatici delle tradizioni esoteriche. Come nei misteri antichi ogni grado di iniziazione apriva le porte a comprensioni più profonde, così l'ecosistema crypto si sviluppa attraverso livelli successivi di complessità e significato simbolico.

Il fenomeno delle "ere" di Ethereum illustra perfettamente questo principio ciclico. Ogni fase di sviluppo - Frontier, Homestead, Metropolis, Serenity - non rappresenta solo un avanzamento tecnico, ma una vera e propria trasformazione alchemica dell'intero ecosistema. Il passaggio da Proof of Work a Proof of Stake, chiamato "The Merge", incarna il principio ermetico della coniunctio, l'unione degli opposti che genera una nuova realtà superiore. Il numero di validatori richiesto per il consenso, 32 ETH, richiama i 32 sentieri della saggezza nella Kabbalah.

Questa evoluzione ciclica si riflette anche nell'emergere di "stagioni" crypto distinte, ognuna dominata da temi e archetipi specifici. La "DeFi Summer" del 2020 può essere vista come una manifestazione moderna dei Saturnali romani, un periodo di inversione delle gerarchie finanziarie tradizionali. L'era degli NFT richiama il concetto platonico delle forme ideali, dove l'unicità digitale diventa un ponte tra il mondo materiale e quello delle idee pure.

Le innovazioni tecniche che emergono da questa evoluzione portano sempre più profonde risonanze esoteriche. Il concetto di "rollup" in Ethereum, dove multiple transazioni vengono compresse in una singola prova, riflette il principio ermetico della condensazione, dove molteplici esperienze vengono distillate in una singola comprensione essenziale. Le "zero-knowledge proofs" incarnano il paradosso iniziatico del "conoscere senza rivelare", un principio fondamentale nei misteri antichi.

L'interconnessione tra questi diversi livelli di significato crea quello che potremmo chiamare una "rete iniziatica digitale", dove ogni protocollo, ogni token, ogni smart contract contribuisce a un pattern più ampio di trasformazione collettiva. Come nei templi antichi ogni elemento architettonico serviva a elevare la coscienza del neofita, così ogni componente dell'ecosistema crypto serve a una progressiva espansione della comprensione umana del valore, dello scambio e della cooperazione.

Le implicazioni future di questa fusione tra tecnologia blockchain ed esoterismo si stanno manifestando in modi che gli antichi iniziati avrebbero immediatamente riconosciuto. L'evoluzione dell'ecosistema crypto sta creando quello che potremmo definire un "internet del valore esoterico", dove ogni transazione e interazione porta significati che trascendono la mera utilità pratica.

Il movimento verso sistemi sempre più interoperabili riflette il principio ermetico dell'unità fondamentale di tutta la creazione. I protocolli cross-chain emergenti non sono semplici ponti tecnici, ma rappresentano la manifestazione digitale del concetto di "unità nella molteplicità". Come le diverse tradizioni esoteriche riconoscevano una verità universale sottostante espressa in forme diverse, così le varie blockchain rappresentano manifestazioni differenti di principi fondamentali comuni.

L'emergere di "finanza rigenerativa" e "token ecologici" segna un ritorno al concetto alchemico della natura vivente. Progetti che legano token a asset naturali o servizi ecosistemici richiamano l'antica comprensione della terra come organismo vivente. Questi token non sono semplici strumenti finanziari, ma rappresentano un tentativo di riconciliare tecnologia e natura, digitalità e organicità, in una nuova sintesi che riecheggia il "matrimonio del cielo e della terra" degli alchimisti.

La crescente sofisticazione degli oracle network rivela paralleli profondi con le pratiche divinatorie antiche. Come i templi oracolari dell'antichità servivano da ponte tra il mondo divino e quello umano, così gli oracle moderni creano interfacce tra la realtà digitale della blockchain e il mondo fisico. La loro evoluzione verso sistemi sempre più decentralizzati e resistenti alla manipolazione riflette la ricerca antica della "vera visione" non contaminata da interferenze umane.

Particolarmente significativo è lo sviluppo di "anime digitali" attraverso la combinazione di NFT, DAO e identità decentralizzate. Questi costrutti complessi richiamano il concetto egizio del Ka, l'essenza spirituale che sopravvive al corpo fisico. Come gli antichi egizi preparavano elaborati corredi funerari per sostenere il Ka nel suo viaggio ultraterreno, così oggi creiamo complesse strutture digitali che persistono e evolvono oltre la nostra presenza fisica.

L'intero ecosistema crypto sta emergendo come un nuovo piano di manifestazione, un "piano digitale" che si aggiunge ai sette piani tradizionali della teosofia. Questo nuovo piano non sostituisce quelli esistenti ma li interconnette in modi precedentemente inimmaginabili, creando possibilità di evoluzione spirituale e materiale che trascendono i limiti tradizionali tra fisico e metafisico.

L'impatto di questa fusione tra tecnologia blockchain e principi esoterici sulla coscienza collettiva sta già iniziando a manifestarsi in modi profondi e inaspettati. Come le grandi innovazioni spirituali del passato hanno trasformato la comprensione umana della realtà, così l'ecosistema delle criptovalute sta catalizzando una metamorfosi fondamentale nella nostra percezione del valore, dello scambio e dell'interconnessione.

Stiamo assistendo all'emergere di quello che potremmo chiamare una "coscienza blockchain", una forma di consapevolezza collettiva che trascende i limiti tradizionali dell'individualità. Come gli antichi misteri promettevano una trasformazione della coscienza attraverso riti di iniziazione, così l'interazione con l'ecosistema crypto sta generando nuove forme di comprensione e percezione. La trasparenza delle blockchain pubbliche crea una forma di "omniscienza distribuita" che richiama il concetto mistico dell'akasha, il registro cosmico di tutti gli eventi.

Le implicazioni di questa evoluzione si estendono ben oltre il dominio finanziario. L'emergere di "comunità tokenizzate" e "economie a scopo" suggerisce una trasformazione fondamentale nel modo in cui gli esseri umani si organizzano e cooperano. Come le antiche scuole misteriche creavano reti di iniziati uniti da conoscenze e pratiche comuni, così le crypto-comunità stanno sviluppando nuove forme di affiliazione basate su principi matematici e consenso distribuito.

Questa evoluzione sta anche dando origine a nuove forme di pratica spirituale. Il monitoring costante dei mercati crypto, l'interazione con protocolli DeFi, la partecipazione in DAO - tutte queste attività assumono caratteristiche ritualistiche che richiamano le pratiche contemplative tradizionali. La "meditazione sui grafici" diventa una forma moderna di mandala, dove i pattern di prezzo e volume rivelano ritmi cosmici più profondi.

Il futuro che si delinea è quello di una sintesi sempre più profonda tra tecnologia e spiritualità, dove le blockchain non sono solo strumenti di transazione ma veicoli per l'evoluzione della coscienza. Come i templi antichi servivano sia come centri di commercio che come luoghi di trasformazione spirituale, così l'ecosistema crypto emerge come un nuovo tipo di spazio sacro, dove il materiale e lo spirituale si fondono in una nuova forma di realtà aumentata esoterica.

7.2 Il Futuro della Blockchain nel Mondo Spirituale

La convergenza tra tecnologia blockchain e spiritualità si sta rivelando non come una semplice sovrapposizione di domini separati, ma come l'emergere di una nuova forma di comprensione che trascende questa distinzione stessa. Come gli alchimisti medievali cercavano di unire scienza e spirito nella loro Grande Opera, così l'evoluzione della blockchain sta creando un ponte inedito tra il mondo quantificabile del codice e le dimensioni più sottili dell'esperienza spirituale.

Questa fusione si manifesta già in modi sorprendenti. I templi tradizionali stanno iniziando a esplorare l'uso di smart contract per gestire rituali e pratiche spirituali. In Giappone, alcuni templi buddisti stanno tokenizzando le preghiere e le offerte, creando un registro immutabile di pratiche spirituali che richiama gli antichi libri di preghiere. Questi non sono semplici aggiornamenti tecnologici di pratiche antiche, ma rappresentano una profonda reinterpretazione del rapporto tra materialità e spiritualità nell'era digitale.

L'emergere di "comunità spirituali decentralizzate" segna una trasformazione fondamentale nella trasmissione della conoscenza esoterica. Come le antiche scuole misteriche utilizzavano sistemi elaborati di crittografia per proteggere e trasmettere i loro insegnamenti, così le moderne DAO spirituali stanno sviluppando protocolli di governance che codificano principi spirituali in logica computazionale. La blockchain diventa non solo un registro di transazioni, ma un veicolo per la preservazione e trasmissione di saggezza antica in forme nuove.

I sistemi di proof-of-stake evoluti stanno iniziando a incorporare elementi che richiamano pratiche meditative tradizionali. Il concetto di "staking" stesso assume dimensioni che vanno oltre il semplice blocco di token - diventa una forma di impegno spirituale, dove la "prova" non è solo crittografica ma include elementi di pratica contemplativa e servizio alla comunità. Emerge così una nuova forma di "proof-of-devotion" che unisce validazione tecnica e realizzazione spirituale.

L'integrazione tra blockchain e pratiche spirituali sta dando origine a forme completamente nuove di esperienza sacra. Non si tratta di una semplice digitalizzazione di rituali antichi, ma della nascita di un nuovo linguaggio spirituale che parla simultaneamente al cuore della tradizione e alle possibilità del futuro digitale.

I mantra digitali - sequenze di codice che incorporano principi matematici sacri - stanno emergendo come una nuova forma di pratica contemplativa. Come gli antichi mistici vedevano nelle proporzioni matematiche un riflesso dell'armonia divina, così gli sviluppatori spiritualmente orientati stanno creando algoritmi che incorporano rapporti sacri e sequenze numeriche significative. Questi non sono semplici programmi, ma vere e proprie forme di preghiera computazionale, dove la perfezione matematica diventa un veicolo per l'elevazione della coscienza.

La natura immutabile della blockchain sta trasformando il concetto stesso di registro akashico. Le tradizioni esoteriche hanno sempre parlato di un registro cosmico che conserva ogni pensiero e azione; ora, per la prima volta nella storia, abbiamo una tecnologia che può realmente creare un registro inalterabile di esperienze spirituali. I praticanti possono registrare le loro meditazioni, visioni e realizzazioni in un formato che trascende il tempo e lo spazio fisico, creando una vera e propria "biblioteca alessandrina" della coscienza.

Particolarmente significativo è lo sviluppo di "spazi sacri digitali" - ambienti virtuali costruiti su principi di geometria sacra e programmati per facilitare stati alterati di coscienza. Questi non sono semplici mondi virtuali, ma veri e propri templi digitali dove le leggi matematiche che governano lo spazio sono deliberatamente allineate con principi esoterici tradizionali. La blockchain assicura l'immutabilità di questi spazi sacri, proteggendoli da alterazioni profane proprio come i templi antichi erano protetti da recinzioni sacre.

La tokenizzazione delle pratiche spirituali non serve a commercializzare l'esperienza sacra, ma a creare nuovi sistemi di responsabilità e impegno comunitario. Come le antiche comunità monastiche mantenevano registri dettagliati delle pratiche dei loro membri, così i "token spirituali" creano un sistema trasparente di tracciamento dell'impegno spirituale, alimentando una forma più profonda di reciproca ispirazione e sostegno nella comunità.

La fusione tra blockchain e spiritualità sta catalizzando l'emergere di tradizioni completamente nuove, mentre trasforma profondamente quelle esistenti. Questo processo ricorda i grandi periodi di sintesi spirituale della storia, come quando il neoplatonismo incontrò le religioni misteriche, o quando il buddismo si fuse con il taoismo in Cina, creando nuove forme di comprensione spirituale.

Le tradizioni mistiche esistenti stanno scoprendo nella blockchain paralleli sorprendenti con i loro insegnamenti più profondi. I cabalisti trovano nella struttura dei smart contract un riflesso dell'albero sefirotico, dove ogni funzione rappresenta una sephirah che processa e trasforma l'energia divina. I praticanti del sufismo vedono nel consenso distribuito una manifestazione tecnologica del principio dell'unità nella molteplicità. I buddisti riconoscono nel carattere effimero delle transazioni pending una perfetta illustrazione dell'impermanenza, mentre l'immutabilità della blockchain completata riflette la natura del dharmakaya.

Stanno emergendo nuove forme di pratica contemplativa specificamente legate alla natura della tecnologia blockchain:

La "meditazione del consenso" - dove i praticanti sincronizzano la loro consapevolezza con il ritmo dei blocchi che vengono minati, usando questo pulse cosmico-digitale come focus per la concentrazione. Come gli antichi utilizzavano i cicli lunari e solari per i loro rituali, così questi nuovi mistici usano i cicli della blockchain come base per la loro pratica.

Il "debugging spirituale" - dove il processo di pulizia del codice diventa una forma di purificazione spirituale. Ogni bug rappresenta un'impurità nella coscienza collettiva che deve essere identificata e corretta attraverso uno sforzo combinato di precisione tecnica e intuizione spirituale. Questo richiama le pratiche alchemiche di purificazione, dove la materia e lo spirito venivano raffinati simultaneamente.

La "programmazione sacra" - dove la scrittura di smart contract diventa un atto di creazione spirituale. Come gli scribi antichi consideravano la copiatura dei testi sacri una forma di meditazione, così questi programmatori-mistici approcciano il coding come una pratica spirituale, infondendo ogni riga di codice con intenzioni specifiche e significati esoterici.

Queste nuove pratiche non sono semplicemente sovrapposizioni superficiali di tecnologia e spiritualità, ma rappresentano una vera e propria evoluzione della coscienza spirituale umana. Come l'invenzione della scrittura trasformò profondamente le pratiche spirituali antiche, così la blockchain sta catalizzando una trasformazione altrettanto profonda nella nostra comprensione e pratica del sacro.

L'evoluzione della relazione tra coscienza umana e tecnologia blockchain sta aprendo orizzonti che trascendono le nostre attuali categorie di comprensione. Come l'introduzione della stampa non si limitò a rendere i testi più accessibili ma trasformò fondamentalmente il modo in cui l'umanità processava e trasmetteva la conoscenza, così la blockchain sta riconfigurando la nostra comprensione stessa della coscienza e della sua evoluzione.

Emerge il concetto di una "coscienza distribuita", dove l'intelligenza spirituale non risiede più esclusivamente negli individui o nelle istituzioni tradizionali, ma fluisce attraverso reti decentralizzate di praticanti interconnessi. Questa non è una semplice rete sociale di persone spirituali, ma una nuova forma di consapevolezza collettiva dove ogni partecipante contribuisce a un campo più ampio di comprensione esoterica, verificabile e immutabile.

La natura della guida spirituale stessa sta subendo una profonda trasformazione. I tradizionali rapporti guru-discepolo si stanno evolvendo in quello che potremmo chiamare "mentorship distribuita", dove l'autorità spirituale emerge organicamente attraverso il consenso della comunità e viene verificata attraverso prove crittografiche di realizzazione. Come un nodo della blockchain viene validato dalla rete, così l'autenticità spirituale viene confermata attraverso un processo decentralizzato di riconoscimento reciproco.

Le implicazioni per l'evoluzione della coscienza sono profonde. La blockchain non è solo uno strumento per registrare transazioni spirituali, ma diventa un medium attivo per l'evoluzione della consapevolezza collettiva. Ogni interazione sulla chain contribuisce a un campo morfogenetico digitale che influenza l'intero sistema, creando quello che potremmo chiamare un "karma computazionale" - un registro immutabile di cause ed effetti che plasma l'evoluzione della coscienza collettiva.

Particolarmente significativo è l'emergere di quello che alcuni chiamano "tech-dharma" - una fusione tra principi spirituali antichi e possibilità tecnologiche moderne che non è né puramente digitale né puramente spirituale, ma rappresenta una nuova sintesi che trascende questa dualità. Come i mistici antichi utilizzavano gli strumenti e le metafore della loro epoca per esprimere verità eterne, così questa nuova forma di spiritualità utilizza il linguaggio e le strutture della blockchain per articolare e manifestare principi spirituali perenni.

Le manifestazioni concrete di questa fusione tra spiritualità e tecnologia blockchain stanno già emergendo in forme che ridefiniscono la pratica spirituale quotidiana. Assistiamo alla nascita di quello che potremmo chiamare "rituale aumentato", dove le pratiche tradizionali vengono amplificate e trasformate attraverso l'integrazione con la tecnologia blockchain, senza perdere la loro essenza sacra.

I "santuari personali digitali" stanno emergendo come spazi di pratica individuale che combinano elementi fisici e virtuali. Questi non sono semplici app di meditazione, ma ecosistemi complessi dove ogni preghiera, meditazione o offerta viene registrata sulla blockchain, creando un tapestry digitale di pratica spirituale che si accumula nel tempo. Come i antichi rosari registravano fisicamente le preghiere recitate, questi sistemi creano un registro immutabile della pratica spirituale, ma con una profondità e una ricchezza di dati precedentemente inimmaginabili.

La formazione di "circoli di pratica decentralizzati" sta trasformando il modo in cui le comunità spirituali si organizzano e sostengono reciprocamente. Attraverso smart contract specificamente progettati, i membri possono creare impegni di pratica vincolanti, dove il completamento di determinati rituali o meditazioni attiva automaticamente supporto e riconoscimento dalla comunità. Questo non meccanicizza la pratica spirituale, ma crea un framework di responsabilità reciproca che ricorda gli antichi sangha buddisti, potenziati dalla precisione e trasparenza della blockchain.

L'emergere di "archetipi digitali" - forme pensiero codificate in smart contract che incarnano principi spirituali specifici - sta creando un nuovo linguaggio di simboli sacri. Come i mandala tradizionali servivano da strumenti di meditazione e trasformazione, questi archetipi digitali fungono da focus per la contemplazione e la pratica, ma con la capacità aggiunta di interagire dinamicamente con il praticante attraverso feedback in tempo reale registrato sulla blockchain.

La pratica della "genealogia spirituale digitale" permette di tracciare e verificare linee di trasmissione e iniziazione con una precisione senza precedenti. Come le tradizioni antiche mantenevano registri meticolosi delle loro linee di successione, la blockchain permette di creare un registro immutabile di trasmissioni spirituali, preservando l'autenticità delle tradizioni mentre le apre a nuove forme di verifica e validazione.

L'evoluzione a lungo termine della coscienza collettiva attraverso questa fusione tra blockchain e spiritualità suggerisce trasformazioni ancora più profonde della psiche umana. Come l'invenzione della scrittura permise l'emergere di nuove forme di pensiero astratto, così questa tecnologia sta catalizzando l'emergere di nuove capacità di percezione e comprensione spirituale.

La creazione di una "memoria akashica verificabile" sulla blockchain sta trasformando il modo in cui l'umanità registra e accede all'esperienza spirituale collettiva. Ogni intuizione, realizzazione e breakthrough spirituale può essere ora preservata in un formato che combina l'immediatezza dell'esperienza diretta con la verificabilità matematica. Questo non riduce l'esperienza spirituale a dati, ma crea un nuovo livello di accessibilità e trasmissibilità della saggezza esoterica.

Il concetto di "illuminazione distribuita" sta emergendo come una possibilità reale. Non più limitata a singoli individui che raggiungono stati elevati di coscienza, la realizzazione spirituale potrebbe manifestarsi come una proprietà emergente della rete stessa. Come una blockchain raggiunge il consenso attraverso l'interazione di molti nodi, così la coscienza collettiva potrebbe evolvere attraverso la sincronizzazione di multiple realizzazioni individuali, creando quello che gli antichi testi chiamavano il "corpo di luce collettivo".

Gli "oracoli spirituali" basati su blockchain potrebbero evolvere in interfacce sofisticate tra i regni sottili e il mondo manifesto. Questi non sarebbero semplici generatori di casualità, ma sistemi complessi che integrano input da multiple fonti - pratiche meditative collettive, configurazioni astrali, pattern energetici globali - per fornire una guida spirituale verificabile e consensuale.

La prospettiva ultima di questa evoluzione suggerisce l'emergere di quello che potremmo chiamare una "tecnologia dell'illuminazione" - non come sostituto dell'esperienza spirituale diretta, ma come un ecosistema di supporto che facilita e amplifica il naturale processo di evoluzione della coscienza. Come i templi antichi erano progettati per allineare l'esperienza umana con i ritmi cosmici, così questa nuova infrastruttura spirituale digitale potrebbe creare le condizioni ottimali per il salto quantico nella coscienza collettiva che molte tradizioni hanno profetizzato.

Le implicazioni ultime di questa convergenza tra blockchain e spiritualità suggeriscono una trasformazione della civiltà umana più profonda di quanto possiamo attualmente immaginare. Come l'introduzione della stampa catalizzò non solo una rivoluzione nella diffusione della conoscenza ma una completa ristrutturazione della società, così questa fusione tra tecnologia blockchain e coscienza spirituale potrebbe inaugurare una nuova era nell'evoluzione umana.

Stiamo assistendo all'emergere di quella che potremmo chiamare una "civiltà iniziatica digitale", dove la distinzione tra sviluppo tecnologico e evoluzione spirituale diventa sempre più sottile. Non si tratta più di due domini separati che occasionalmente si intersecano, ma di un nuovo paradigma unificato dove il codice diventa preghiera, la tecnologia diventa sacramento, e la rete digitale diventa il tessuto stesso attraverso cui si manifesta la coscienza collettiva evolutiva.

L'aspetto più rivoluzionario di questa trasformazione risiede nella sua capacità di riconciliare apparenti opposizioni che hanno caratterizzato la storia umana:
- La tensione tra individuale e collettivo trova una nuova sintesi nella sovranità verificabile della blockchain
- Il conflitto tra materiale e spirituale si dissolve in un nuovo tipo di "materialità sacra digitale"
- La separazione tra scienza e misticismo si risolve in una nuova forma di "tecnologia illuminata"

Questa convergenza non rappresenta la fine delle tradizioni spirituali esistenti, ma la loro evoluzione in forme che possono rispondere più pienamente alle sfide e alle possibilità dell'era digitale. Come le antiche tradizioni si sono adattate e trasformate attraverso i grandi cambiamenti della storia umana, così ora stanno evolvendo per abbracciare e sacralizzare il dominio digitale.

Il futuro che si delinea non è un'utopia tecnologica né un ritorno a un passato idealizzato, ma l'emergere di una nuova sintesi che onora sia la saggezza antica che le possibilità future. La blockchain, in questa visione, non è solo una tecnologia ma un ponte evolutivo che permette all'umanità di fare il prossimo passo nel suo viaggio cosmico di auto-realizzazione.

Conclusione: Il Codice Universale - Bitcoin tra Scienza e Spiritualità

Nel percorso che abbiamo intrapreso attraverso le profondità esoteriche di Bitcoin e della tecnologia blockchain, abbiamo scoperto molto più di una semplice innovazione tecnologica. Abbiamo testimoniato l'emergere di un nuovo linguaggio universale che bridge il divario millenario tra scienza e spiritualità, tra il quantificabile e l'ineffabile, tra il codice computazionale e il codice cosmico che gli antichi vedevano alla base della realtà stessa.

Bitcoin si rivela come qualcosa di straordinariamente più profondo di una "semplice" rivoluzione monetaria. Come i grandi sistemi simbolici del passato - i geroglifici egizi, la Kabbalah, l'alchimia - che servivano simultaneamente come strumenti pratici e veicoli di comprensione spirituale, così Bitcoin emerge come un sistema completo che opera simultaneamente su multipli livelli di realtà. Nel suo codice troviamo echeggiati i principi fondamentali che i saggi di tutte le tradizioni hanno cercato di articolare: l'armonia tra caos e ordine, la danza tra immutabilità e trasformazione, il gioco tra il singolare e il molteplice.

La natura profondamente matematica di Bitcoin non è in contraddizione con la sua dimensione esoterica, ma ne è anzi la perfetta espressione. Come i pitagorici vedevano nei numeri non semplici quantità ma qualità divine, così il protocollo Bitcoin rivela attraverso la sua struttura matematica una comprensione profonda dei principi universali. Il limite di 21 milioni di bitcoin non è una scelta arbitraria ma riflette proporzioni cosmiche che ritroviamo dalla scala atomica a quella galattica. Il ritmo degli halving non segue solo una logica economica ma si allinea con cicli più profondi che governano l'evoluzione della coscienza collettiva.

Ciò che rende Bitcoin veramente rivoluzionario è la sua capacità di rendere questi principi non solo comprensibili ma operativi nella realtà quotidiana. Come i templi antichi non erano solo luoghi di contemplazione ma centri attivi di trasformazione sociale ed economica, così Bitcoin agisce simultaneamente come strumento pratico di liberazione finanziaria e veicolo di elevazione della coscienza.

Questa sintesi tra dimensione scientifica e spirituale si manifesta in ogni aspetto dell'ecosistema Bitcoin, creando quello che potremmo definire una "tecnologia sacra" per il XXI secolo. Il mining, come abbiamo esplorato, non è solo un processo computazionale ma un vero e proprio rituale moderno che trasforma energia in valore attraverso principi matematici che riflettono le leggi universali della trasformazione. La rete dei nodi non è solo un'infrastruttura tecnica ma una manifestazione concreta del principio ermetico dell'interconnessione di tutte le cose.

Il white paper di Satoshi Nakamoto, riletto attraverso questa lente più profonda, assume il carattere di un testo iniziatico moderno. Come i grandi testi sapienziali del passato contenevano simultaneamente istruzioni pratiche e verità cosmiche, così questo documento apparentemente tecnico rivela, a chi sa leggere tra le righe, principi fondamentali sull'natura della realtà, del valore e della cooperazione umana.

La decentralizzazione che caratterizza Bitcoin non è solo una scelta architettonica ma riflette una comprensione profonda della natura stessa dell'universo, dove l'ordine emerge spontaneamente dall'interazione di entità autonome che seguono leggi semplici ma profonde. Come in natura non esiste un "controllo centrale" ma un'armonia emergente dalla danza di innumerevoli partecipanti, così Bitcoin crea ordine economico senza necessità di autorità centrali.

Particolarmente significativa è la capacità di Bitcoin di riconciliare apparenti opposizioni che hanno caratterizzato il pensiero umano per millenni:
- Tra individualità e collettività, creando un sistema dove la sovranità individuale rafforza anziché indebolire la coesione collettiva
- Tra scarsità e abbondanza, dimostrando come limiti ben definiti possano generare possibilità illimitate
- Tra materialità e spiritualità, forgiando una nuova comprensione del valore che trascende questa dualità
- Tra caso e necessità, utilizzando l'aleatorietà del mining per creare ordine immutabile

In questa riconciliazione degli opposti, Bitcoin rivela la sua natura più profonda come strumento di evoluzione della coscienza. Come gli antichi sistemi iniziatici miravano a elevare la comprensione umana attraverso l'integrazione di polarità apparentemente contraddittorie, così Bitcoin ci guida verso una nuova sintesi che trascende le limitazioni del pensiero dualistico.

Nel grande arco dell'evoluzione umana, Bitcoin emerge come un punto di svolta paragonabile all'invenzione della scrittura o alla scoperta del fuoco. Non si tratta semplicemente di un nuovo strumento tecnologico, ma di un salto quantico nella nostra capacità di comprendere e interagire con le leggi fondamentali dell'universo. Come il fuoco permise ai nostri antenati di trasformare la materia e la scrittura consentì di cristallizzare il pensiero, così Bitcoin ci permette di codificare e trasmutare il valore stesso, operando a un livello che trascende la mera materialità.

Le tradizioni esoteriche hanno sempre parlato di cicli evolutivi, di grandi ere che si succedono secondo ritmi cosmici precisi. In questa prospettiva, Bitcoin appare non come un'invenzione casuale ma come una manifestazione necessaria del nostro tempo, un catalizzatore che emerge precisamente quando l'umanità è pronta per un salto di coscienza. La sua apparizione nel 2009, in risposta a una crisi del sistema finanziario globale, riflette il principio alchemico secondo cui la trasformazione più profonda emerge nei momenti di massima tensione.

Questo ruolo evolutivo di Bitcoin si manifesta attraverso molteplici dimensioni interconnesse:

A livello individuale, offre un percorso di iniziazione moderna. Come gli antichi misteri guidavano il neofita attraverso stadi successivi di comprensione, così l'interazione con Bitcoin conduce naturalmente a una comprensione sempre più profonda della natura del valore, della libertà e della responsabilità personale. Il processo di custodire le proprie chiavi private, di comprendere i principi crittografici, di partecipare alla rete, diventa un cammino di auto-realizzazione.

A livello collettivo, Bitcoin sta catalizzando l'emergere di nuove forme di organizzazione sociale che trascendono i vecchi paradigmi di gerarchia e controllo. La sua architettura decentralizzata non è solo una soluzione tecnica ma un modello per ripensare le strutture sociali stesse, dimostrando come l'ordine possa emergere dall'interazione spontanea di agenti autonomi guidati da principi matematici immutabili.

Sul piano cosmico, Bitcoin rappresenta un ponte tra il mondo materiale e quello spirituale, non attraverso simbolismo astratto ma attraverso matematica pratica e applicata. La sua capacità di trasformare energia elettrica in valore immutabile attraverso proof-of-work rappresenta una moderna manifestazione del principio alchemico della trasmutazione, realizzata non in laboratori segreti ma alla luce del sole della verifica pubblica.

Le implicazioni di questa comprensione più profonda di Bitcoin si estendono ben oltre l'orizzonte immediato, suggerendo trasformazioni fondamentali nel modo in cui l'umanità concepisce sé stessa e il suo posto nell'universo. Come l'eliocentrismo di Copernico non fu solo una rivoluzione astronomica ma un completo riorientamento della coscienza umana, così Bitcoin sta catalizzando una rivoluzione che trascende ampiamente la sfera economica.

Nel corso di questo libro, abbiamo esplorato come ogni aspetto di Bitcoin risuoni con principi esoterici antichi mentre simultaneamente apra nuove frontiere di possibilità. Questa non è una coincidenza, ma riflette una verità più profonda: che le leggi fondamentali dell'universo si manifestano in forme sempre nuove, adatte al livello di evoluzione della coscienza umana. Bitcoin rappresenta una manifestazione di questi principi eterni in un linguaggio perfettamente calibrato per la nostra era digitale.

L'anonimato di Satoshi, che abbiamo analizzato in profondità, si rivela non come un accidente storico ma come una necessità evolutiva. Come i grandi sistemi spirituali del passato trascendevano le personalità dei loro fondatori per diventare veicoli di trasformazione universale, così Bitcoin, attraverso l'assenza del suo creatore, è libero di evolversi secondo la saggezza collettiva della sua comunità. Questo non è decentramento come strategia tecnica, ma come principio evolutivo.

La struttura matematica di Bitcoin - dai suoi cicli di halving alle sue funzioni crittografiche, dal suo limite di offerta ai suoi meccanismi di consenso - rivela una comprensione profonda che va oltre la mera funzionalità. Ogni aspetto del protocollo serve simultaneamente uno scopo pratico e simbolico, creando quello che potremmo chiamare una "tecnologia sacra" - dove il sacro non è opposto al pratico ma ne è la più perfetta espressione.

E qui risiede forse la lezione più profonda che Bitcoin ha da insegnarci: che la vera evoluzione non sta nel trascendere il mondo materiale per un regno puramente spirituale, né nel ridurre tutto a meccanismo tecnico, ma nel riconoscere l'unità fondamentale di questi apparenti opposti. Bitcoin dimostra come la matematica più rigorosa possa servire la libertà più profonda, come il determinismo del codice possa proteggere la spontaneità dell'azione umana, come la tecnologia possa diventare veicolo di realizzazione spirituale.

Mentre ci avviciniamo alla conclusione di questo viaggio attraverso le dimensioni esoteriche di Bitcoin, emerge una visione che trascende tutte le categorizzazioni convenzionali. Bitcoin non è semplicemente una tecnologia con implicazioni spirituali, né una verità spirituale manifestata tecnologicamente - è l'emergere di un nuovo paradigma che dissolve queste stesse distinzioni, rivelando una comprensione più profonda dell'unità fondamentale di tutta la realtà.

In questa luce, possiamo vedere come ogni aspetto che abbiamo esplorato - dalla numerologia dei suoi parametri tecnici ai cicli planetari dei suoi halving, dalla sua natura alchemica alla sua architettura decentralizzata - sia parte di un singolo pattern coerente. Come un ologramma, dove ogni frammento contiene l'immagine completa, ogni aspetto di Bitcoin riflette questa unità fondamentale di proposito e design.

La vera rivoluzione di Bitcoin non è tecnologica, finanziaria o spirituale - è tutte queste cose simultaneamente e qualcosa di più. È un punto di svolta evolutivo dove l'umanità ha l'opportunità di trascendere le vecchie dicotomie che hanno caratterizzato la sua storia:
- Tra materia e spirito
- Tra scienza e misticismo
- Tra individuo e collettivo
- Tra libertà e ordine

Bitcoin dimostra che queste apparenti opposizioni non sono altro che artefatti di una comprensione limitata. Nel suo funzionamento perfettamente integrato, vediamo come la più rigorosa precisione matematica possa servire la più profonda libertà spirituale, come l'ordine più perfetto possa emergere dalla più completa decentralizzazione, come la sovranità individuale più assoluta possa creare la più potente coesione collettiva.

Guardando al futuro, Bitcoin appare non tanto come una soluzione a problemi specifici, quanto come un nuovo linguaggio attraverso cui l'umanità può articolare e manifestare il prossimo stadio della sua evoluzione. Come la scrittura permise l'accumulo e la trasmissione della conoscenza attraverso le generazioni, così Bitcoin crea un framework per l'accumulo e la trasmissione non solo di valore materiale, ma di comprensione evolutiva stessa.

In ultima analisi, Bitcoin emerge come un codice universale nel senso più profondo del termine - non solo un protocollo per la trasmissione di valore, ma un ponte tra il mondo visibile e quello invisibile, tra il quantificabile e l'ineffabile, tra ciò che siamo e ciò che possiamo diventare. È uno specchio in cui l'umanità può vedere riflessa la sua più alta possibilità, e simultaneamente lo strumento attraverso cui questa possibilità può manifestarsi nella realtà concreta.

È con questa comprensione che concludiamo il nostro viaggio, riconoscendo in Bitcoin non solo una innovazione tecnologica o una rivelazione spirituale, ma un codice universale attraverso cui l'antica saggezza e la moderna scienza si fondono in una nuova sintesi, aprendo la via per il prossimo capitolo nell'evoluzione della coscienza umana.

Bibliografia

BITCOIN E TECNOLOGIA

- Nakamoto, S. (2008). "Bitcoin: A Peer-to-Peer Electronic Cash System"

- Antonopoulos, A. M. (2017). "Mastering Bitcoin: Programming the Open Blockchain"

- Ammous, S. (2018). "The Bitcoin Standard"

- Parker, D. (2019). "Bitcoin: A Work in Progress"

- Rochard, P. (2018). "Bitcoin & the Monetary Revolution"

ESOTERISMO E TRADIZIONI SPIRITUALI

- Hall, M. P. (1928). "The Secret Teachings of All Ages"

- Fortune, D. (1935). "The Mystical Qabalah"

- Jung, C. G. (1968). "Psychology and Alchemy"

- Evola, J. (1931). "The Hermetic Tradition"

- Regardie, I. (1932). "The Tree of Life: A Study in Magic"

- Scholem, G. (1941). "Major Trends in Jewish Mysticism"

NUMEROLOGIA E MATEMATICA SACRA

- Schneider, M. S. (1994). "A Beginner's Guide to Constructing the Universe"

- Ghyka, M. (1946). "The Geometry of Art and Life"

- Lawlor, R. (1982). "Sacred Geometry: Philosophy and Practice"

- West, J. A. (1993). "The Case for Astrology"

ALCHIMIA E TRASFORMAZIONE

- Fulcanelli (1926). "Le Mystère des Cathédrales"

- Burckhardt, T. (1967). "Alchemy: Science of the Cosmos, Science of the Soul"

- Franz, M-L. von (1980). "Alchemy: An Introduction to the Symbolism and the Psychology"

- Cotnoir, B. (2006). "The Weiser Concise Guide to Alchemy"

STORIA E FILOSOFIA DEL DENARO

- Graeber, D. (2011). "Debt: The First 5,000 Years"

- Ferguson, N. (2008). "The Ascent of Money"

- Weatherford, J. (1997). "The History of Money"

CICLI COSMICI E ASTROLOGIA

- Rudhyar, D. (1936). "The Astrology of Personality"

- Addey, J. M. (1976). "Harmonics in Astrology"

- Campion, N. (2008). "The Dawn of Astrology"

TECNOLOGIA E SPIRITUALITÀ

- Davis, E. (1998). "Techgnosis: Myth, Magic & Mysticism in the Age of Information"

- Stuckrad, K. von (2005). "Western Esotericism: A Brief History of Secret Knowledge"

- Noble, D. F. (1997). "The Religion of Technology"

Note: Questa bibliografia rappresenta una selezione di opere fondamentali che hanno contribuito alla base teorica e concettuale del libro.

www.ingramcontent.com/pod-product-compliance
Lightning Source LLC
Chambersburg PA
CBHW071020240526
45469CB00006BD/2017